Bibliothèque spéciale de la Société des Auteurs
et Compositeurs dramatiques.

BAS-DE-CUIR

DRAME

EN CINQ ACTES ET HUIT TABLEAUX

PAR

MM. XAVIER DE MONTÉPIN & JULES DORNAY

Représenté pour la première fois sur le Théâtre de la Gaîté
le 31 Mars 1866

DIRECTION DE M. DUMAINE

PRIX : 1 FR. 50 C.

·PARIS

CHEZ TOUS LES LIBRAIRES

1866

— Tous droits réservés —

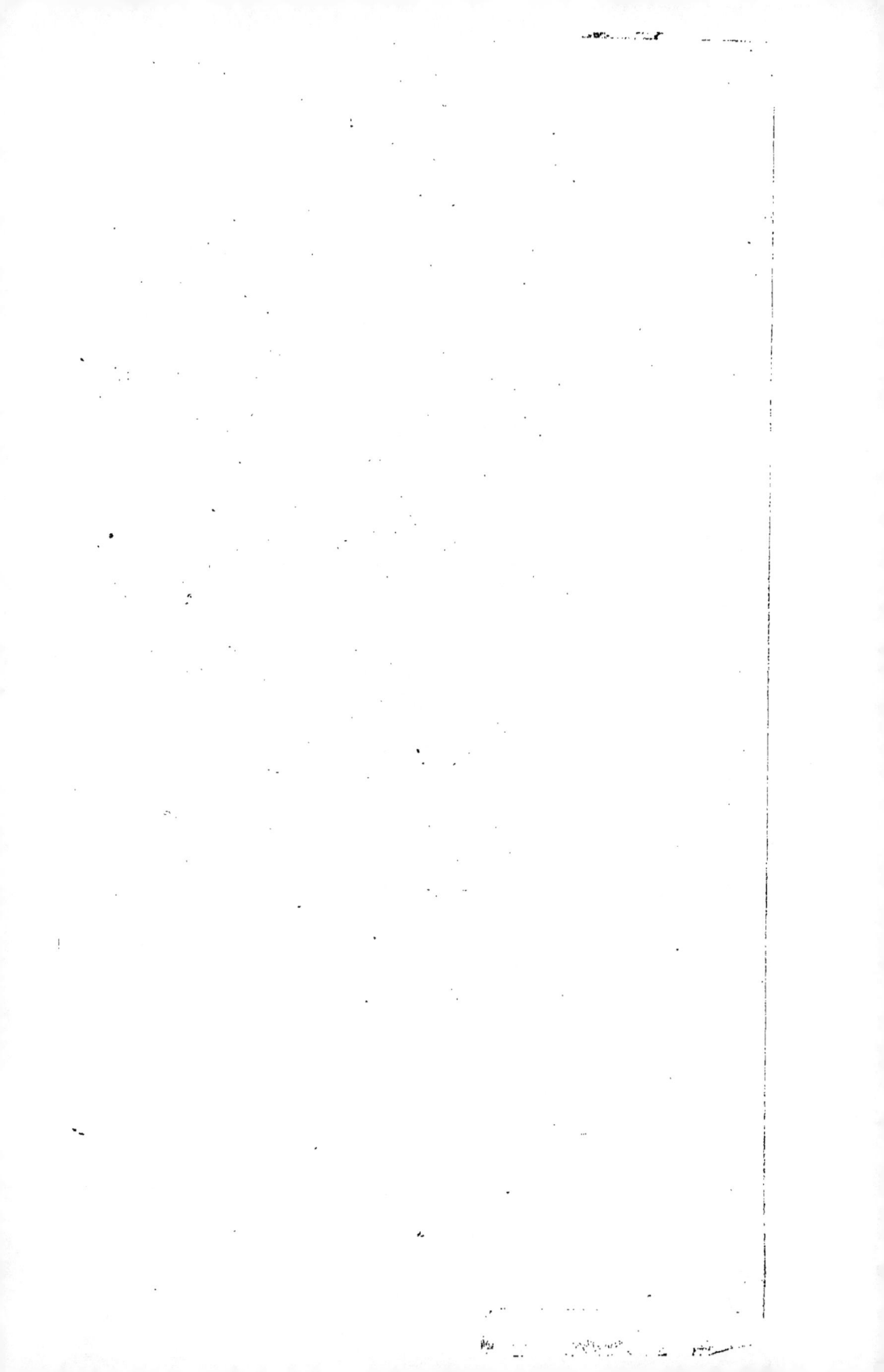

BAS-DE-CUIR

DRAME

EN CINQ ACTES ET HUIT TABLEAUX

PAR

MM. XAVIER DE MONTÉPIN & JULES DORNAY

Musique de M. Fossey. — Ballets réglés par M. Fuchs
Décors de MM. Chéret, Daran, Poisson, Chambouleron, Philastre et Robecchi
Mise en scène de M. Eugène Rousseau
Costumes de M. Constant et de Mme Chauvry. — Machines de M. A. Varnoult
Effets hydrauliques de M. Charles Delaporte

REPRÉSENTÉ

Pour la première fois, à Paris, sur le théâtre de la Gaité
le 31 mars 1866

DIRECTION DE M. DUMAINE

PARIS

CHEZ TOUS LES LIBRAIRES

1866

Ⓒ

DISTRIBUTION DE LA PIÈCE

—

BAS-DE-CUIR............................	MM. DUMAINE.
MAURICE DIDIER.........................	J. B. DESHAYES.
TIBULLE...............................	ALEXANDRE.
SERPENT-DE-FEU........................	MANUEL.
PAUL LAURIÈRE........................	CH. LEMAITRE.
WILL GIBSON..........................	HEUZEY.
UNCAS, le dernier des Mohicans........	FERNAND.
TÊTE-DE-CERF.........................	LEQUIEN.
LA PLUIE-QUI-TOMBE...................	BRÉMONT.
JOHN SUMMER.........................	COLLEUILLE.
LA GRENOUILLE-QUI-CHANTE.............	MALLET.
LA PANTHÈRE-NOIRE...................	CHEVALIER.
UN OFFICIER DE MARINE...............	HENRI.
MARTHE DIDIER.......................	Mmes J. CLARENCE.
RAYON-DU-SOIR.......................	C. LEMERLE.
LUCIEN DIDIER (14 ans)..............	DESMONTS.
CLÉOPATRE..........................	LOVELY.
SYLVIE, servante....................	ADÈLE.

Planteurs français, — Indiens, — Indiennes, — Matelots,
Domestiques, — Ottawas.
BULL, cheval dressé en liberté par M. Lalanne.

Au 4e tableau,

BALLET DES OTTAWAS

Dansé par

M'lles LAURETTA-LANZA, MORLOT, ANTONIA, GARDÈS, COUSTOU, MENDÈS,
JOURDAIN, PISARELLO, FLAMANT, MOÏSE, ALPHONSINE, VATON,
LEBERT, ROSNY, MONNET, MAILLE, TROISVALLETS,
DOUCHET, LATON, ETNAL, HÉLÈNE.

Et dix-huit Dames du corps de ballet.

La scène se passe dans l'Amérique septentrionale, en 1765.

'adresser pour la musique, à M. FOSSEY, chef d'orchestre, et pour la
mise en scène, à M. PELLERIN, souffleur, tous deux au théâtre.

Paris. — Typ. Morris et Comp., rue Amelot, 64

BAS-DE-CUIR

A NOTRE CHER AMI L. DUMAINE,

Xavier de Montépin, Jules Dornay.

ACTE PREMIER

PREMIER TABLEAU

Une hutte croulante. — La partie de droite est entièrement demolie et laisse voir une chaîne de rochers praticables s'étendant dans la forêt. Quelques troncs d'arbre sont épars çà et là. A droite, un entassement de débris provenant du toit de la hutte. Sorties à gauche et à droite.

SCÈNE PREMIÈRE

Indiens. (*Au lever du rideau, venant de gauche, rampant au milieu des hautes herbes, un groupe d'Indiens traverse la scène en silence et disparaît par la droite après avoir exploré la scène. Le théâtre reste vide un instant. Alors on voit entrer Will Gibson et Tibulle, venant du fond.*)

SCÈNE II

WILL GIBSON, TIBULLE, Indiens.

Will Gibson est armé d'une boîte de naturaliste, d'un filet à prendre les papillons, d'un marteau à détacher des échantillons de minéralogie, d'un grand sécateur et d'une petite bêche à main. Il porte un fusil en bandoulière. Il examine une fleur qu'il tient à la main et en étudie les caractères dans un livre. — Tibulle vient derrière lui.

GIBSON, *lisant.*

Datura stramonium... plante herbacée... (*regardant la fleur*) herbacée!... C'est bien cela!... dont les fleurs blanchâtres ou d'un violet pâle sont portées sur un calice pubescent... (*Avec joie, s'asseyant sur un tronc d'arbre.*) Pubescent... il est pubescent!... et voilà le violet pâle!... Vivat!...

TIBULLE, *l'interrompant.*

Gibson !...

GIBSON.

Chut !..

TIBULLE.

Voulez-vous m'écouter, oui ou non ?

GIBSON.

Pour le moment, impossible... (*Continuant à lire.*) La corolle a environ deux pouces... (*il regarde et mesure*) deux pouces... oui... oui....

TIBULLE.

Gibson !...

GIBSON.

Tout à l'heure...

TIBULLE.

Tout à l'heure... tout à l'heure... c'est impatientant, que diable !... Est-ce que vous croyez que je m'amuse, moi, à vous voir éplucher votre salade de pissenlits ?...

GIBSON, *indigné.*

Pissenlits !...

TIBULLE.

Allons, allons, ne vous fâchez pas... J'attendrai, et pour tuer le temps, je vais charmer l'écho de ces solitudes par un petit air de flageolet... (*Il tire un petit flageolet de sa poche et commence l'air de : La bonne aventure.*)

GIBSON, *vivement.*

Chut !... chut !...

TIBULLE.

Par exemple !...

GIBSON.

Ne troublez point mes recherches botaniques et mes méditations scientifiques par vos mélodies insipides...

TIBULLE, *scandalisé.*

Insipides !...

GIBSON, *revenant à sa fleur et à son livre.*

La mesure est exacte... la couleur est exacte... la forme est exacte... tout est exact... Victoire !... je triomphe !... (*Se levant.*) Tibulle, ami Tibulle, réjouissez-vous avec moi... J'ai trouvé dans ces contrées le *Datura stramonium*, cette plante incomparable que Pline n'a pas su découvrir dans les forêts vierges de l'Amérique Septentrionale...

TIBULLE.

Y est-il venu en Amérique?

GIBSON.

Jamais!... De son temps le nouveau monde n'était point découvert...

TIBULLE.

Ah! si le nouveau monde n'était pas inventé, c'est une raison.

GIBSON.

Ma gloire n'en est pas moins intacte.

TIBULLE.

Je la reconnais... je la proclame... mais allons-nous-en.

GIBSON.

Déjà?...

TIBULLE.

Voilà deux heures que vous dialoguez avec les racines et les brins d'herbe... je m'emb...nuie...

GIBSON.

Profane!... Ai-je quitté l'Europe, ce berceau de toutes les sciences en général et de la botanique en particulier, suis-je venu dans ces contrées sauvages, au milieu des Indiens, pour rêver aux étoiles et manger des outardes et des bosses de bison?... Je suis venu pour étudier... j'étudie. Faites comme moi, et vous ne vous ennuierez pas... (*Éternuant.*) Ah! ah! ah! atchi!

TIBULLE.

Que le bon Dieu vous bénisse!

GIBSON.

Bon, voilà que je m'enrhume!... Un simple coriza... (*Tirant un calepin de sa gibecière et écrivant.*) « Aujourd'hui, » jeudi 15 mai 1765, Amérique Septentrionale, rives de » l'Hudson, trouvé le *Datura stramonium.* »

TIBULLE.

Et un coriza...

GIBSON, *éternuant.*

Victoire!

TIBULLE.

Ah! le jeudi 15 mai 1765... voilà une date que j'inscris aussi dans ma mémoire...

GIBSON.

Pourquoi faire?... Vous n'avez rien trouvé, vous...

TIBULLE.

Pour n'oublier jamais le jour qui précède celui trois fois heureux où je vais faire mon paquet pour retourner en France.

GIBSON.

C'est vrai... vous désertez l'Amérique... vous vous mettez en route avec la famille Didier... vous quittez sans regrets ces contrées vierges et fertiles, peuplées d'incomparables trésors...

TIBULLE.

Jolis trésors, oui, parlons-en!... Des ours gris et des ours noirs... des jaguars, des panthères, des gorilles et des sauvages scalpeurs!... sans compter les serpents à sonnettes et les crapauds volants!... Merci!... en voilà des trésors que je quitte avec volupté!...

GIBSON.

Eh! comptez-vous pour rien la science?...

TIBULLE.

La science!... entre nous, mon bon ami, je m'en soucie comme des lunes de l'année dernière... J'aime mieux les beaux-arts!... Parlez-moi de la musique et de la danse! A la bonne heure!... un *sol* dièse ou un *mi* bémol valent, je crois, un peu mieux que votre *Datura Stramonium,* et je préfère la moindre figure du menuet et de la *Gavotte,* ou la plus mince partition de M. de Lully, à toutes vos boîtes à chiendent!... Oh! les beaux-arts! les beaux-arts! Il n'y a que cela, voyez-vous!... il n'y a que cela!...

GIBSON.

Ils ne vous ont pas fait faire fortune ici, cependant...

TIBULLE.

Ah! chercheur de simples!... Combien vous l'êtes!... Pouvais-je supposer que les Indiens de toutes les nuances ne seraient point charmés d'apprendre les vrais principes de la chaconne et de la monaco?... Abusé par de faux renseignements, je comptais faire ma fortune en apportant dans la jeune Amérique les bienfaits de la musique et de la danse! Je me mis en route fier et joyeux avec mes espérances, ma pochette et mon flageolet!... Hélas! la déception ne se fit guère attendre!... Au lieu des élèves enthousiastes sur lesquels je comptais, je trouvai des tribus indiennes qui glapissent et qui détonnent, en accompagnant sur des coquilles d'huître et des calebasses desséchées des airs à porter le diable en terre!... Et j'ai tout bravé, cependant, pour introduire dans ces contrées primitives le *six-huit* et l'accord parfait! Ma pochette et mon flageolet, échappés aux Indiens rouges, aux Indiens jaunes, aux Indiens bleus, sont, je crois, des trophées dont je dois être un peu plus fier que vous de vos salades de chicorées sauvages!...

GIBSON.

N'insultez pas la science!... C'est une flamme brillante... Elle me guide... elle illumine tout devant moi!...

TIBULLE.

D'accord... mais, si brillante qu'elle soit, elle nous éclairerait fort mal, la nuit, au milieu de la forêt... Aussi, comme le jour va baisser et que nous sommes très-loin de l'habitation de Maurice Didier, je crois que nous ferons bien de nous remettre en route.

GIBSON.

Quelle heure avez-vous?

TIBULLE, *regardant sa montre.*

Cinq heures quarante.

GIBSON, *même jeu.*

Cinq heures quarante-cinq.

TIBULLE.

Vous avancez de cinq minutes.

GIBSON.

Non, c'est vous qui retardez. (*Serrant son herbier et ajustant sa boîte de botaniste.*) Partons...

TIBULLE.

Et hâtons-nous... L'obscurité, dans les bois, ça me fait un effet tout drôle... Brrr... (*Au moment où ils s'apprêtent à sortir, Rayon-du-Soir a paru à droite. — Elle entre en scène. Ils reculent avec frayeur à sa vue.*)

SCÈNE III

Les Mêmes, RAYON-DU-SOIR.

TIBULLE, *effrayé.*

Hein?... Qu'est-ce que c'est?...

GIBSON.

C'est-il possible de vous faire des frayeurs pareilles?

TIBULLE.

Ah! sapristi, c'est bête! (*Regardant l'Indienne.*) Tiens!...

c'est Rayon-du-Soir... une belle femme... quoiqu'un peu
jaune... (A l'Indienne.) On se fait annoncer, que diable!...
On ne surprend pas ainsi les gens...

RAYON-DU-SOIR.

Les étrangers ont peur...

GIBSON.

Peur!... par exemple!...

TIBULLE.

Peur!... allons donc!...

GIBSON.

Nous savons bien que Rayon-du-Soir est la sœur de Mathori, l'éclaireur de l'habitation Didier... et qu'avec elle et
avec les guerriers de sa tribu, nous sommes parfaitement
en sûreté!...

RAYON-DU-SOIR.

Mathori le guerrier a voulu vivre à l'habitation des Européens. Mathori les protége... Il a défendu de toucher à leurs
chevelures...

GIBSON.

C'est heureux!

TIBULLE, à Gibson.

Quel dommage qu'une belle créature comme ça n'ait
pas du goût pour la musique! Avec un galbe pareil serait-
elle assez imposante en jouant du flageolet!

GIBSON.

Splendide!!!

TIBULLE.

Et la danse!!! Comme elle arrondirait la jambe dans les
chassés-croisés! (Il joint le geste à la parole et marche sur
les pieds de Gibson.)

GIBSON.

Ah!... que le diable vous emp..... (A Rayon-du-Soir.)
Rayon-du-Soir vient-elle avec nous à l'habitation pour y
visiter son frère?...

RAYON-DU-SOIR.

Non... la fille des forêts retourne au campement de la
tribu.

TIBULLE.

Si vous avez des commissions pour Mathori, piquante
sauvagesse, chargez-nous-en... Ne vous gênez pas... —
Qu'est-ce qu'il faudra dire de votre part à l'éclaireur?...

RAYON-DU-SOIR.

Rien... Mathori sait bien que le cœur de Rayon-du-Soir est avec lui.

TIBULLE.

Puisqu'il le sait, ça doit lui suffire... Au revoir, belle femme... au revoir, superbe femme...

GIBSON.

Adieu, fille de la nature...

RAYON-DU-SOIR.

Que le Dieu des visages pâles veille sur vous...

TIBULLE.

Grand merci... (*A Gibson.*) Si seulement elle voulait danser le menuet... (*Dansant.*) Tra la la. Tra la la... (*Il marche de nouveau sur les pieds de Gibson.*)

GIBSON.

Maladroit!... (*Ils sortent tous deux en se disputant.*)

SCÈNE IV

RAYON-DU-SOIR, *seule.*

Mathori... mon frère, disent-ils!... Oui, mon frère pour ces étrangers qui ne savent pas que le nom de Mathori l'éclaireur cache Serpent-de-Feu, le chef de la tribu des Hurons!... Mais pourquoi tient-il à cacher ainsi le lien qui nous unit?... Pourquoi s'est-il fait le serviteur, presque l'esclave des ennemis de notre race?... Pourquoi, depuis le jour funeste où le chef a quitté la tribu pour s'asseoir au foyer des étrangers, est-il devenu sombre, triste et rêveur?... Ah! j'ai peur de comprendre!!! Elle est bien belle, la fille blanche!... Oh! si cela était!... si le chef aimait la jeune fille!!!... Mais non... c'est impossible!... Serpent-de-Feu ne peut aimer l'enfant dont la main ne saurait ni soulever le tomahawk (*prononcer To-ma-hoc*), ni gouverner une pirogue... (*En ce moment, on entend, dans la forêt, le cri du hibou. — Rayon-du-Soir écoute. — Le cri se fait entendre de nouveau.*) Ce sont les guerriers!... (*Plusieurs Indiens paraissent en rampant à droite.*)

1.

SCÈNE V

RAYON-DU-SOIR, TÊTE-DE-CERF, LA GRENOUILLE-QUI-
CHANTE, LA PANTHÈRE-NOIRE, Indiens.
(*Les Indiens paraissent de tous côtés en rampant.*)

TÊTE-DE-CERF, *voyant Rayon-du-Soir.*
La femme du chef est au rendez-vous?

RAYON-DU-SOIR.
Oui... le chef va venir parler à ses guerriers... attendons...

LA GRENOUILLE-QUI-CHANTE.
Rayon-du-Soir était ici tout à l'heure avec des visages
pâles...

RAYON-DU-SOIR.
Les deux hôtes de l'habitation Didier...

TÊTE-DE-CERF.
Pourquoi la femme du chef n'a-t-elle point appelé les
guerriers?... Les chevelures des étrangers auraient pris
place dans la gorge des sacrifices, aux pieds de l'idole du
grand Manitou...

RAYON-DU-SOIR.
Pour déterrer la hache de guerre, il faut l'ordre du
chef...

LA GRENOUILLE-QUI-CHANTE.
Pourquoi ne tient-il pas sa promesse?

RAYON-DU-SOIR.
Ce qui fait la force de l'Indien... c'est de savoir attendre...

TÊTE-DE-CERF.
Les guerriers se défient... ils croient que Serpent-de-Feu
s'est fait l'ami des blancs et trahit la tribu...

TOUS.
Oui! oui!

SCÈNE VI

Les Mêmes, MATHORI.

MATHORI, *paraissant sur la brèche de la masure.*
Qui croit cela?... Qui dit cela?...

LES INDIENS, *avec inquiétude.*
Mathori!!!

RAYON-DU-SOIR, *allant à Mathori.*

Leur parole a trahi leur pensée... ils ne doutent pas, mais ils voudraient savoir ce que le chef a résolu...

MATHORI.

Serpent-de-Feu ne doit compte de ses volontés qu'au grand esprit... Lorsqu'il commande, qu'on obéisse!! Sinon, sa main se lèvera dans la colère et son tomahawk deviendra rouge. (*Les Indiens courbent la tête avec crainte.*)

TÊTE-DE-CERF.

Chef, je te parle au nom des guerriers. Depuis bien des heures déjà tu as quitté la tribu en promettant de nous livrer bientôt l'habitation où nous trouverions une ample curée.

LA GRENOUILLE-QUI-CHANTE.

Tu as renié ton nom...

TÊTE-DE-CERF.

Tu as renié ta femme, pour aller t'asseoir au foyer des visages pâles...

LA PANTHÈRE-NOIRE.

Tu nous a commandé de les respecter, jusqu'au jour où, grâce à toi, ils deviendraient pour nous une proie facile et sûre...

MATHORI.

Oui, j'ai promis et je tiendrai ma parole.

RAYON-DU-SOIR.

Quand?

MATHORI.

L'heure n'est point encore venue.

LA GRENOUILLE-QUI-CHANTE.

Serpent-de-Feu cache la vérité. Demain les visages pâles quittent l'habitation pour retourner dans les pays lointains où le soleil se lève, de l'autre côté des mers...

RAYON-DU SOIR, *à elle-même.*

Demain!...

MATHORI.

Eh bien, oui, ils vont s'éloigner, emportant avec eux leurs richesses... et je dois les guider au milieu des forêts. Qui vous dit que je n'ai pas choisi, pour vous les livrer, le moment où les palissades de l'habitation ne les protégeront plus?

RAYON-DU-SOIR.

Mieux vaudrait agir cette nuit.

TOUS.

Oui... oui... la guerre!... la guerre!

MATHORI, *d'une voix tonnante.*

Depuis quand les guerriers et les femmes parlent-ils si
haut devant le chef?... Vous avez attendu!... j'attends bien,
moi!... vous attendrez encore!

RAYON-DU-SOIR, *à part.*

Que veut-il donc?

MATHORI, *aux Indiens.*

Voici mes volontés : Ne quittez pas les bois qui forment
autour de l'habitation un cercle de sombre verdure... Restez là, muets, immobiles, cachés dans les cavernes et sous
les taillis, et quand vous entendrez retentir trois fois le signal, levez-vous et venez. Le moment sera venu de pousser
le cri de guerre.

LA GRENOUILLE-QUI-CHANTE, *s'inclinant.*

Serpent-de-Feu est un grand chef.

MATHORI.

Vous connaissez mes ordres... Je retourne à l'habitation.
Allez!... allez!... (*Les Indiens sortent en silence de différents
côtés.*)

SCÈNE VII

MATHORI, RAYON-DU-SOIR.

MATHORI, *à Rayon-du-Soir, qui s'est assise sur un tronc
d'arbre.*

Pourquoi Rayon-du-Soir ne suit-elle pas les guerriers?

RAYON-DU-SOIR.

Serpent-de-Feu sait bien que Rayon-du-Soir ne peut
vivre sans lui et que son absence la tue...

MATHORI.

Je reviendrai bientôt...

RAYON-DU-SOIR, *se levant.*

Bientôt!... Serpent-de-Feu mentira-t-il avec Rayon-du-
Soir comme il vient de mentir avec les guerriers?...

MATHORI, *menaçant.*

Mentir!...

RAYON-DU-SOIR.

On peut tromper toute une nation, on ne trompe pas une
femme qui aime. Serpent-de-Feu a une souffrance, et cette
souffrance, il la cache à Rayon-du-Soir...

MATHORI.

Serpent-de-Feu ne cache rien.

RAYON-DU-SOIR, *d'une voix lente et le regardant en face.*

Pas même son amour pour la jeune fille blanche ?

MATHORI, *après avoir tressailli involontairement.*

Serpent-de-Feu n'aime personne...

RAYON-DU-SOIR.

A quoi le mensonge peut-il servir avec moi ? Je t'ai suivi... je t'ai épié... je lis dans ton âme... et ta pensée n'a pas de mystère pour moi !... Ce n'est pas ton dévouement à la tribu qui t'a poussé, toi, l'homme libre, le chef puissant, à te faire le serviteur des étrangers... Tu n'allais point chez eux pour nous ouvrir la nuit les portes de l'habitation. Non... tu avais entrevu dans la forêt la jeune fille... tu l'aimais et tu voulais te rapprocher d'elle...

MATHORI.

Femme !...

RAYON-DU-SOIR.

Tu l'aimais !... (*Mouvement de Mathori.*) Je te dis que tu l'aimes !...

MATHORI.

Tu es folle !

RAYON-DU-SOIR.

Non... je ne suis pas folle !... je suis jalouse !...

MATHORI.

Jalouse?

RAYON-DU-SOIR.

Oui, jalouse de cette femme !...

MATHORI, *voulant s'éloigner.*

Allons donc !

RAYON-DU-SOIR, *se plaçant devant lui.*

Tu ne retourneras pas à l'habitation...

MATHORI, *avec colère.*

Est-ce toi qui commande, et crois-tu que j'obéirai ? Oublies-tu que je suis ton maître?

RAYON-DU-SOIR.

Oublies-tu que je suis ta femme et que je hais la fille pâle qui m'a pris ton âme et ton cœur. Si tu ne donnes pas le signal de l'attaque, je te dénoncerai comme traître à la tribu.

MATHORI.

Tu ferais cela?

RAYON-DU-SOIR.

Je le ferai... et je conduirai moi-même les Indiens au combat...

MATHORI.

Prends garde!...

RAYON-DU-SOIR.

Et, cette nuit, sous les haches terribles de nos guerriers, tomberont les chevelures des étrangers, et je la regarderai mourante à mes pieds, celle qui me vole mon bonheur!...

MATHORI, *brandissant sa hache.*

Ah! je vais te tuer!...

RAYON-DU-SOIR, *tombant à genoux.*

Non... non... épargne-moi!...

MATHORI.

Tu as peur de la mort!

RAYON-DU-SOIR.

Eh bien, oui... oui... j'ai peur... Tu la verrais... et je ne te verrais plus...

MATHORI, *redevenu calme, la relevant.*

Que Rayon-du-Soir se souvienne! Malheur à elle, malheur à la tribu s'il arrivait malheur à la jeune fille!

RAYON-DU-SOIR, *avec des sanglots.*

Oh, comme il l'aime! Comme il l'aime!

MATHORI.

Rayon-du-Soir se trompe!... Serpent-de-Feu réserve pour lui seul cette victime, la plus précieuse de toutes!.. La longue chevelure d'or de la fille blanche tombera sous un tomahawk, mais sous le sien seulement... il le veut... il l'a juré...

RAYON-DU-SOIR, *avec un mouvement de joie.*

Le chef dit-il vrai?

MATHORI.

Que Rayon-du-Soir rejoigne les guerriers dans la forêt... et qu'elle fasse comme eux... qu'elle attende... Qu'elle ne doute plus... et surtout qu'elle n'oublie pas!

RAYON-DU-SOIR.

J'attendrai! (*Serpent-de-Feu sort par la droite.*)

SCÈNE VIII

RAYON-DU-SOIR, *seule.*

Oui, j'attendrai... mais je doute encore... ou plutôt, maintenant, je suis sûre... Sa colère m'a livré son secret tout

entier... il aime la fille pâle, il l'adore. (*Un temps.*) Si elle
l'aimait, lui... oh ! je la tuerais !... (*Elle va pour sortir, mais
elle prête l'oreille et s'arrête.*) Les feuilles sèches ont fris-
sonné... on marche de ce côté... les guerriers reviennent
peut-être. (*Elle regarde au dehors.*) Non... des étrangers...
un Indien les accompagne... il n'est point de la tribu. (*Elle
se cache à gauche, derrière les débris de la toiture.*)

SCÈNE IX

RAYON-DU-SOIR, *cachée,* BAS-DE-CUIR, PAUL LAURIÈRE,
UNCAS. (*Paul Laurière et Uncas entrent les premiers ; ils
sont armés de carabines et marchent avec précaution, inter-
rogeant du regard les alentours de la hutte.*)

PAUL LAURIÈRE.

Décidément, je me déclare fatigué de ces alertes sans cesse
renaissantes... On est toujours sur le qui vive dans ces
grands diables de bois sombres !... Il faut marcher, sa barbe
sur l'épaule, comme disait le bon roi Henri ! C'est pire que
la forêt de Bondy !

UNCAS.

Silence ! (*Il s'avance vers la gauche et examine au dehors.*)

PAUL LAURIÈRE.

Comment, silence ! Ah ! ça, sauvage, mon ami, savez-vous
bien que je vous trouve agaçant ? Je ne m'amuse pas déjà
tant sous vos interminables futaies ! Laissez-moi du moins
me distraire en monologuant un peu, puisque le dialogue
est impossible. (*Allant à Bas-de-Cuir, qui entre, armé d'une
longue carabine.*) Ah ! vous voilà, eh bien ?...

BAS-DE-CUIR.

La forêt est pleine de traces, mais elles s'éloignent de
cette masure, et je crois que cette fois encore ma carabine
restera muette. (*Il montre sa carabine.*)

PAUL LAURIÈRE.

Que redoutiez-vous donc ?...

BAS-DE-CUIR.

Une surprise... une embuscade... les feuilles s'étaient agi-
tées... et cependant, dans l'air, pas un souffle de brise ? Un
instant j'ai cru qu'une légion de ces diables incarnés qu'on
nomme les Peaux rouges, allait surgir des fourrés et s'abattre sur nous comme un vol de corbeaux sur un daim blessé.

PAUL LAURIÈRE.

Charmante perspective !... Une nuée d'Indiens, le tomahawk à la main !... c'est très-gai !

UNCAS, *qui était sorti par la droite, rentrant.*

Autour de la hutte, tout est calme.

BAS-DE-CUIR.

Bien. Nous pouvons nous reposer ici pendant quelques
minutes, mais ayons l'oreille attentive, le doigt sur la détente de nos carabines, et surtout parlons bas...

PAUL LAURIÈRE, *s'asseyant.*

Singulier pays, où tout est danger, même la parole !...

BAS-DE-CUIR.

La forêt que nous traversons en ce moment est souvent
visitée par des bandes de Hurons... je me défie...

UNCAS.

Assassins et lâches sont les Hurons !... qu'ils soient maudits !...

BAS-DE-CUIR.

Il a raison ! Les Hurons sont les pires entre les plus mau-
vais de tous les enfants des déserts... C'est une race de pil-
lards, sans pitié, sans merci pour les blancs, qu'ils considè-
rent comme les ayant injustement dépossédés des forêts et
des prairies...

PAUL LAURIÈRE.

Ont-ils tort ?

BAS-DE-CUIR.

Pas tout à fait... Il est certain que les fils de l'Europe,
aujourd'hui maîtres de ces contrées, se sont montrés souvent
implacables pour les tribus sauvages, autrefois souveraines
de la terre et des eaux ! Les tribus se vengent !... L'arc et la
carabine, le poison, le fer et l'incendie, voilà leurs armes !...

PAUL LAURIÈRE.

Allons, je vois qu'en Amérique aussi bien qu'en Europe...
dans les déserts comme au sein des grandes villes, la vie
humaine est sans cesse en danger !... Le nouveau monde
rivalise avec l'ancien... C'est parfait !

BAS-DE-CUIR.

C'est vrai... la France a ses sauvages comme les forêts
vierges de l'Amérique ont leurs Indiens ! Ces Peaux rouges
d'une société civilisée vont scalpant à droite et à gauche,
non pas, comme ici, la chevelure, mais la fortune et l'honneur ! Le vie est sauve... mais la blessure de l'âme est in-
guérissable !...

PAUL LAURIÈRE, *se levant.*

Et les femmes donc! ces terribles Huronnes de Paris!
comme elles vous scalpent avec un sourire!... comme elles
vous empoisonnent le cœur avec un baiser!... Toutes ré-
flexions faites, parole d'honneur, j'aime mieux les Indiens...

BAS-DE-CUIR, *s'asseyant.*

Ainsi, vous ne regrettez pas vos idées de voyage?

PAUL LAURIÈRE.

Ma foi, non! Que diable voulez-vous que je regrette?...
J'étais ruiné!... Mon esprit ne gardait aucune illusion, mon
cœur aucun espoir... Je me trouvais dans la situation d'un
homme scalpé moralement! Je me suis dit qu'un monde
nouveau me ferait sans doute une nouvelle âme, une nouvelle existence!... L'Amérique me tendait les bras!... cette
patrie des chercheurs d'aventures m'attirait par je ne sais
quel aimant irrésistible et mystérieux!... Je suis parti, et
me voilà...

BAS-DE-CUIR.

Vous voilà, jeune et fort!... Vous êtes prêt à l'audace!...
Êtes-vous prêt au travail?...

PAUL LAURIÈRE.

Parbleu! si je suis prêt!... Donnez-m'en, du travail, et
vous verrez!...

BAS-DE-CUIR, *se levant.*

Bien parlé, jeune homme!... Beaucoup de vos frères
d'Europe se sont créés des domaines ici depuis vingt ans!
Ils sont arrivés pauvres... ils sont riches aujourd'hui. Suivez
l'exemple de ceux-là!... Vos labeurs et votre courage, voilà
le capital qu'il faut exploiter...

PAUL LAURIÈRE.

Celui-là ne me manquera pas, j'en réponds!...

BAS-DE-CUIR.

Vous aurez alors mieux que la fortune... vous aurez les
grands spectacles de la nature, les grands enseignements des
solitudes... Vous aurez les émotions et les dangers des forêts immenses... la vie aventureuse qui fatigue le corps,
mais qui fait vivre l'âme... qui l'élève... qui la rapproche de
Dieu!...

PAUL LAURIÈRE.

Sommes-nous loin encore du canton où je planterai ma
tente, où je recommencerai ma vie?

BAS-DE-CUIR.

Oui... mais soyez sans crainte... Je tiendrai ma pro-

messe... Je vous conduirai jusqu'aux territoires de la tribu des Delawares, où vous pourrez sans danger fonder un établissement... Les Delawares sont de loyaux amis des blancs... Vous n'aurez rien à redouter de leurs guerriers... ils vous aideront dans vos travaux, et, si l'on vous attaque, ils combattront pour vous...

PAUL LAURIÈRE.

Il me tarde d'arriver au but de mon voyage...

BAS-DE-CUIR.

Nous nous arrêterons cependant en route pendant toute la journée de demain.

PAUL LAURIÈRE.

Sans doute à l'établissement de ce planteur français dont vous avez été l'éclaireur pendant une année, m'avez-vous dit ?

RAYON-DU-SOIR, à part.

A l'habitation...

BAS-DE-CUIR.

Oui, chez notre compatriote Maurice Didier, un vieillard dont l'âme vaillante est sans tache !... C'est un homme antique que Maurice Didier... un patriarche des temps bibliques. Vous serez accueilli, non comme un étranger, mais comme un ami, un frère... Auprès de lui, vous verrez deux enfants... son petit-fils Lucien, un lutin à visage d'ange, un gentil diable de quatorze ans, hardi jusqu'à la témérité, impétueux comme un jeune poulain, tête de salpêtre et cœur d'or! C'est moi qui lui ai fait monter son premier poney... C'est avec moi qu'il a brûlé sa première amorce!... Quel coup d'œil! il abat un daim d'une seule balle dans la tête! Oui... vous pouvez m'en croire, je ne ferais pas mieux!...

PAUL LAURIÈRE, riant.

Quel enthousiasme !...

BAS-DE-CUIR.

Que voulez-vous? c'est mon Benjamin... c'est mon chéri... c'est mon ouvrage?... Je l'aime!... Ah! oui, je l'aime!... D'ailleurs, il est parfait...

PAUL LAURIÈRE.

Et l'autre enfant ?...

BAS-DE-CUIR.

Marthe, la sœur de Lucien... une douce et blonde fille de seize ans... Vous verrez... elle est bien belle!... Ses yeux ont le pur éclat des étoiles... Son âme chaste doit être un reflet de l'âme du divin Créateur!... Quand elle passe, la chère mignonne, à travers la campagne, les horizons qu'elle domine semblent plus lumineux !... On dirait qu'elle éclaire tout sur son passage et que les rayons du soleil luisent dans ses regards ! On se sent attiré vers ces enfants, vers ce vieillard, vers cette maison du bon Dieu ! Vous comprendrez cela bientôt, quand vous les connaîtrez !... Plus nous approchons d'eux, et plus je me sens revivre ! C'est à croire qu'en quittant l'habitation, il y a six mois, j'ai laissé au milieu de ces bonnes gens une part de moi-même ! Vous allez voir la famille Didier, et vous serez bien forcé de convenir que si le bonheur existe quelque part en ce bas-monde, c'est dans nos solitudes !

PAUL LAURIÈRE.

Tant mieux, ma foi ! tant mieux! Ce que vous venez de me dire me fait apparaître l'Amérique du Nord et les Indiens scalpeurs eux-mêmes à travers un prisme couleur de rose...

BAS-DE-CUIR.

Et cependant, il faut du temps et de la force d'âme pour s'habituer à la vie du désert quand on quitte le tumulte du monde civilisé...

UNCAS, *désignant Bas-de-Cuir.*

Il le sait bien, lui...

PAUL LAURIÈRE, *à Bas-de-Cuir.*

Est-ce que vous avez souffert ?...

BAS-DE-CUIR.

Oui... d'abord...

PAUL LAURIÈRE.

Vous regrettiez la France ?

BAS-DE-CUIR.

On n'arrache pas du cœur, sans un profond déchirement, les souvenirs de la patrie...

PAUL LAURIÈRE.

Pourquoi n'y retourniez-vous pas ?

BAS-DE-CUIR.

Parce que je sentais bien que ma vie était ici. L'air libre, la chasse, les solitudes immenses, voilà ce qu'il me faut...

PAUL LAURIÈRE.

Peut-être laissiez-vous là-bas, en France, de douces et chères affections !...

BAS-DE-CUIR, *secouant la tête.*

Aucune...

PAUL LAURIÈRE.

Point de famille?

BAS-DE-CUIR.

Rien... et cependant je regrettais...

PAUL LAURIÈRE.

Mais maintenant, vous ne regrettez plus?...

BAS-DE-CUIR.

Eh! que regretterais-je aujourd'hui?... J'ai su me faire une patrie nouvelle, et tout ce que j'aime est auprès de moi...

PAUL LAURIÈRE.

Quoi donc?...

BAS-DE-CUIR, *montrant sa carabine.*

Mon tueur de daims... mon cheval Bull. (*Désignant Uncas.*) Et lui... (*Tendant la main à Uncas.*) Lui, l'unique rejeton d'une race autrefois souveraine dans ces forêts... Uncas... le dernier des Mohicans!... (*En entendant ce nom, Rayon-du-Soir tressaille.*)

RAYON-DU-SOIR, *à part.*

Uncas!...

UNCAS, *montrant Bas-de-Cuir.*

Il a détourné de la chevelure d'Uncas le tomahawk des guerriers hurons qui venaient de tuer son père!... La vie d'Uncas appartient à Bas-de-Cuir!...

RAYON-DU-SOIR, *à part.*

Bas-de-Cuir!

BAS-DE-CUIR, *vivement et prêtant l'oreille.*

Silence!

PAUL LAURIÈRE.

Qu'avez-vous?...

RAYON-DU-SOIR, *à part.*

Imprudente!...

BAS-DE-CUIR.

Vos oreilles ne sont point, comme les nôtres, ouvertes aux bruits de la forêt!... Quelqu'un nous épie... quelqu'un est caché près de nous...

PAUL LAURIÈRE.

Je n'ai rien entendu...

UNCAS, *désignant la droite.*

Le bruit venait de là...

BAS-DE-CUIR, *à Uncas, qui se dirige vers la cachette.*
Prends garde, Uncas!

UNCAS, *découvrant Rayon-du-Soir, la prenant par le bras
et la faisant avancer en scène.*
Voici l'espionne!...

RAYON-DU-SOIR, *à part.*
Je suis perdue!...

BAS-DE-CUIR.
Une femme de la tribu des Hurons!... Les guerriers doivent nous entourer!!! Nous sommes tombés dans une embuscade!

UNCAS.
Oui, car cette femme est celle de Serpent-de-Feu, l'implacable ennemi de ma race, le meurtrier de mon père!...
(*Il détache son tomahawk de sa ceinture.*)

BAS-DE-CUIR.
Que vas-tu faire?...

UNCAS.
Justice!... Le sang des Mohicans a rougi la hache des Hurons... le sang des Hurons va couler à son tour sous la hache du Mohican!...

BAS-DE-CUIR, *passant entre Rayon-du-Soir et lui.*
Tu ne frapperas pas!

UNCAS, *brandissant sa hache.*
Laisse-moi me venger!...

BAS-DE-CUIR.
Sur une femme!!!

UNCAS.
Mon père me l'ordonne!...

BAS-DE-CUIR.
Et je te le défends!... Au nom de ta vie sauvée par moi, tu dois obéir... (*Uncas remet son tomahawk à sa ceinture.—
Pendant les répliques qui précèdent, Rayon-du-Soir est restée
impassible.*)

PAUL LAURIÈRE, *à lui-même.*
A la bonne heure!...

BAS-DE-CUIR.
Songeons à nous maintenant, car, d'une minute à l'autre, nous pouvons être enveloppés par les Hurons...

PAUL LAURIÈRE, *riant.*
Et scalpés!... Ah! diable!... moi qui n'ai pas même eu le temps de faire connaissance avec le pays!!!

BAS-DE-CUIR, *à Paul Laurière.*

Avez-vous des munitions?...

PAUL LAURIÈRE.

Fort peu... ma corne est presque vide...

BAS-DE-CUIR.

Et la mienne est restée dans l'une des fontes de ma selle... (*Il prend la petite trompe qu'il porte en bandoulière et il en tire un son faible et doux.*)

PAUL LAURIÈRE.

Que faites-vous?

BAS-DE-CUIR.

J'appelle Bull...

PAUL LAURIÈRE.

Et il viendra?...

BAS-DE-CUIR.

Vous allez voir... (*Il sonne de nouveau de la trompe. On entend le galop d'un cheval au dehors.*) A moi, Bull! à moi!... (*En ce moment, Bull entre par la brèche et vient se placer auprès de Bas-de-Cuir.*)

PAUL LAURIÈRE.

Brave cheval!

BAS-DE-CUIR, *à Bull.*

Ah! ah! tu nous suivais de près, mon fils... c'est bien!... (*Il l'embrasse.*) Uncas, veille sur l'Indienne!... (*A Laurière.*) Monsieur Paul, faites comme moi... prenez de la poudre et des balles... (*Il fouille dans les fontes de la selle et y prend des munitions dont il donne une partie au jeune homme.*) Maintenant, si nous sommes attaqués, nous pourrons au moins tenir bon... (*A Bull.*) Toi, mon fils, dans la forêt!... Nous allons à l'habitation... Va!!! va!!! (*Le cheval sort à droite et part au galop.*)

PAUL LAURIÈRE.

Eh bien, ma foi, vive l'Amérique!... Quelques coups de feu à échanger me feront un vrai plaisir!!! Ma parole d'honneur, je commence à m'amuser!!!

BAS-DE-CUIR, *à Rayon-du-Soir.*

Tu n'étais pas seule dans cette hutte?

RAYON-DU-SOIR.

J'étais seule...

BAS-DE-CUIR.

Femme, tu mens...

(*Rayon-du-Soir le regarde en face et garde le silence.*)

BAS-DE-CUIR.

Où sont les guerriers hurons?

RAYON-DU-SOIR.

Sous les wigwams de la tribu...

BAS-DE-CUIR.

Où campe la tribu?...

RAYON-DU-SOIR.

Bien loin d'ici... Dans les Roches-Sanglantes...

UNCAS.

Bas-de-Cuir perd ses paroles... la Huronne ne répondra pas ou mentira toujours... (*Deux coups de feu retentissent dans la forêt. Les balles font voler les feuilles sèches dans l'intérieur de la hutte.*)

PAUL LAURIÈRE.

Nous sommes attaqués?...

BAS-DE-CUIR.

Parbleu!... La Huronne se tait, mais la poudre parle!...

PAUL LAURIÈRE.

On aime savoir à quoi s'en tenir... Avons-nous quelque chance de nous tirer d'affaire?...

BAS-DE-CUIR.

Mort-diable, j'y compte bien!!... Avec Bas-de-Cuir, on n'est jamais tout à fait perdu!... (*A Uncas.*) L'Indienne sera notre sauve-garde... Prépare ton tomahawk, Uncas...(*Uncas obéit. — Des Indiens paraissent en rampant à droite.*)

PAUL LAURIÈRE.

Les voici... faut-il faire feu?...

BAS-DE-CUIR.

Je le crois bien qu'il faut faire feu! Tirez juste et baissez-vous. (*Bas-de-Cuir et Paul Laurière font feu et se baissent. Des Indiens tirent à leur tour et s'élancent dans la hutte, mais ils hésitent et reculent.*)

SCÈNE X

LES MÊMES, TÊTE-DE-CERF, LA GRENOUILLE-QUI-CHANTE, LA PANTHÈRE-NOIRE, INDIENS.

TÊTE-DE-CERF, *avec effroi.*

Uncas!!!

LA GRENOUILLE-QUI-CHANTE.

Bas-de-Cuir!!!

LA PANTHÈRE-NOIRE.

La Longue-Carabine!

TOUS.

Au combat!... les chevelures! les chevelures!... à mort!
(*Ils vont se précipiter vers les Français. — Bas-de-Cuir et
Paul Laurière les ajustent et les tiennent à distance.*)

BAS-DE-CUIR, *démasquant Rayon-du-Soir, qu'il fait mettre
à genoux.*)

Regardez!... la femme de votre chef... la femme de Serpent-de-Feu est en notre pouvoir!...

TOUS, reculant.

Rayon-du-Soir!...

BAS-DE-CUIR.

Qu'une balle nous atteigne, qu'une flèche nous effleure,
et la reine de la tribu tombera sous le tamahawk d'Uncas!..
Comprenez-vous? (*Uncas appuie le tranchant de sa hache sur
le front de Rayon-du-Soir.*)

PAUL LAURIÈRE, riant.

Qu'est-ce que vous dites de ça, bons Indiens?.. Voyons,
soyez gentils... laissez-nous nos chevelures...

BAS-DE-CUIR, aux Indiens.

Nous allons continuer notre route avec Rayon-du-Soir,
qui sera notre bouclier... Le tamahawk d'Uncas, toujours
levé sur sa tête et prêt à retomber, nous répondra de vous...
(*A Rayon-du-soir.*) Relève-toi. (*A Uncas.*) Marche en avant
et frappe s'il le faut!...

UNCAS, à Rayon-du-Soir.

Marche! (*Rayon-du-Soir, la tête inclinée sous la hache
d'Uncas, sort la première de la hutte. Paul Laurière vient
ensuite. Bas-de-Cuir les suit. Il marche à reculons, tout en
chargeant sa carabine, et fait face aux Indiens. Au moment
où il franchit la brèche, les Indiens veulent s'élancer*)

BAS-DE-CUIR.

Un pas de plus... elle meurt! (*Les Indiens reculent.*)
(*Rideau.*)

DEUXIÈME TABLEAU

Une pièce du rez-de-chaussée de l'habitation de Maurice Didier. — C'est une salle d'été, construite en bambous. Au fond, large et haute baie s'ouvrant sur une cour intérieure encombrée d'instruments aratoires et entourée d'une palissade faite de troncs d'arbres. Derrière cette palissade, la campagne. A l'horizon, rideau de forêt. L'intérieur de la salle est ainsi disposé : porte à droite, fenêtre à gauche; table, bancs, siéges, meubles rustiques, etc.

SCÈNE PREMIÈRE

MATHORI, VILL GIBSON, CLÉOPATRE, SYLVIE,
puis TIBULLE.

(*Au lever du rideau, Gibson arrange dans un herbier des fleurs et des plantes. — Mathori, près de la fenêtre, nettoie un fusil de chasse. — Cléopâtre et Sylvie, en costumes normands toutes deux, vont et viennent, dressant le couvert sur la grande table placée au fond à droite.*)

CLÉOPATRE, *étendant une nappe sur la table.*

Ah! pommes à cidre et bonnet de coton!... Foi de brave fille, je ne me suis jamais senti le cœur si content qu'en posant c'te nappe sur la table...

SYLVIE.

Parce que c'est la dernière fois que tu la poseras ici.

CLÉOPATRE.

Ah! dame, oui, tout de même!... (*A Sylvie.*) Tire ton bout!...(*Continuant.*) Nous filons notre nœud demain matin! Je vas revoir ma Normandie et mon pays natal, qu'est Caudebec et ses environs!... Ah! (*Prenant une pile d'assiettes.*) Il me prent des envies de jeter la faïence en l'air, par manière de feu d'artifice... (*A Sylvie.*) Mets les fourchettes. (*A Mathori, en le faisant changer de place.*) Range-toi donc un peu, toi, face de clair de lune qu'a la jaunisse... tu me gênes pour atteindre les gobelets...

SYLVIE.

Je vais au cellier chercher le cidre et la bière...

CLÉOPATRE.

C'est ça... (*A Mathori.*) Eh bien! homme des bois, espèce de loup garou, nous allons le quitter ton chéri de pays...

2

Ah! pomme de rainette, je peux dire que je ne le regretterai pas, ni le pays, ni les habitants!... (*Allant à la table.*) Où donc que j'ai mis la boîte au sel?... (*Elle va et vient, Mathori silencieux continue son travail.*)

GIBSON, *examinant une plante.*

Si c'était... mais non... c'est impossible.... c'est bien la fleur, mais ce n'est pas la feuille...

CLÉOPATRE, *regardant Gibson.*

Bon! le voilà qui parle tout seul, cet ahuri-là, avec ses échantillons de navets!... Qu'est-ce qu'il a encore?...

GIBSON, *consultant un livre.*

Linné lui-même se trompe. Décidément, ceci n'est pas la Mandragore...

CLÉOPATRE, *s'avançant.*

Vous avez raison, allez... C'est pas ça!...

GIBSON, *vivement.*

Qu'est-ce que c'est donc?...

CLÉOPATRE, *riant.*

Parbleu!... c'est une betterave...

GIBSON, *haussant les épaules.*

Ignorante!... (*A l'Indien.*) Mathori...

MATHORI, *s'avançant.*

Que veut le visage pâle?

GIBSON, *désignant la plante qu'il tient à la main.*

Vous connaissez cette plante?...

MATHORI.

Oui...

GIBSON.

Bravo!... et vous savez son nom?

MATHORI.

Les Anglais l'appellent Jaborosa...

GIBSON.

Jaborosa!... quoi! ce serait l'*Himerantus runcinatus* qui fournit aux tribus sauvages de l'Amérique du Nord les poisons les plus subtils et les plus violents?...

CLÉOPATRE, *vivement.*

Des poisons!... fi!... ah! l'horreur!... Dites donc, monsieur le savant, est-ce que vous espérez nous faire manger une salade de *cette affreuse* légume!...

GIBSON.

Voulez-vous bien vous taire!... (*A Mathori.*) Continuez, bon Indien...

MATHORI.

Les guerriers des tribus la nomment fleur du sommeil.

GIBSON.

Fleur du sommeil?... et pourquoi?...

MATHORI.

Quiconque en respire le parfum, s'endort pour longtemps... quelquefois pour toujours...

GIBSON, *tirant de sa poche un carnet, et écrivant.*

« Etudes à faire... »

TIBULLE, *appelant au dehors.*

Cléopâtre!... Cléopâtre!...

CLÉOPATRE.

Bon!... voilà l'autre écervelé, maintenant!... C'est le
reste de nos écus!... Qu'est-ce qu'il veut encore, celui-là?

TIBULLE, *entrant en criant.*

Cléopâtre!... Cléopâtre!...

CLÉOPATRE, *criant aussi.*

Eh bien!... Eh bien! me voilà!... je ne suis pas perdue!... Ne criez pas si fort!...

SCÈNE II

LES MÊMES, TIBULLE.

TIBULLE.

Ne vous fâchez point, belle Normande...

CLÉOPATRE.

Voyons, qu'est-ce qu'il vous faut?

TIBULLE.

Des grosses aiguilles et du gros fil...

CLÉOPATRE.

C'est-il pour vous coudre la bouche?

TIBULLE.

Elle me raille, mais elle me fascine!... Agaçante fille de
Caudebec, tu me fascines, parole d'honneur!...

CLÉOPATRE.

Eh! dites donc, le musiquet, pourquoi donc que vous me
tuteyez, toi?

TIBULLE.

Pardonne à cet entraînement irrésistible... je raffole de
vous. (*Il veut l'embrasser.*)

CLÉOPATRE.

Bas les pattes!... (*Elle lui donne des bourrades.*)

TIBULLE, *enchanté*.

Elle est forte comme un Turc!... j'aurai des bleus!... Quelle riche nature!...

CLÉOPATRE.

C'est pas tout ça... qu'est-ce que vous avez à coudre?...

TIBULLE.

Mes paquets...

CLÉOPATRE.

Vos paquets!... ils n' seront pas lourds!... Vos trois chemises, vot' petit violon de poche et vot' flutieau!... En v' la des bagages!...

TIBULLE.

Moquez-vous de moi tant que vous voudrez, Cléopâtre, mais respectez la musique!.. N'est-ce pas elle qui, pour la première fois, a fait palpiter votre joli petit cœur par ses accents voluptueux?... N'est-ce pas elle qui vous a révélé les suaves extases que donne l'harmonie? En un mot, n'a-t-elle pas servi de trait d'union entre nos deux âmes, et n'a-t-elle pas serré le lien qui nous unit, lien charmant dont nous ferons bientôt, en France, la chaîne de fleurs d'un bon mariage?...

CLÉOPATRE.

C'est vrai que j'aime la musique, et que vous avez du talent, mais peut-être bien, quand nous serons de retour en France, que je trouverai des musiquets qu' auront encore plus de talent que vous... et alors, faudra voir......

TIBULLE, *avec feu*.

Tais-toi, Cléopâtre! Oh! tais-toi!... pas un mot de plus, ou je fais un coup de désespoir!

CLÉOPATRE.

Allons... allons... ne vous enlevez pas!...

TIBULLE.

Je m'enlève parce que tu me fais bouillir!...

CLÉOPATRE.

Calmez-vous!...

TIBULLE.

Jamais, si tu ne me dis que tu m'aimes!...

CLÉOPATRE.

Eh bien, vous ne me déplaisez pas trop... Il y a des moments où je vous trouve drôle... et même assez gentil garçon, malgré vos cheveux couleur de carotte...

TIBULLE.

Couleur de feu, Cléopâtre!... image fidèle du brasier qui

brûle pour toi dans mon cœur!... Une fois en France, vois-tu, nous nous marions... une fois mariés, nous allons à Paris... une fois à Paris, nous ouvrons une école de musique et de danse, avec une petite table d'hôte dont tu seras la reine... Nous devenons riches... je fais ton bonheur et tu me rends heureux...

GIBSON, *à lui-même.*

Ou autre chose...

CLÉOPATRE.

Nous en reparlerons... En attendant, voici du fil et des aiguilles... (*Elle lui donne un étui et du fil.*) Allez faire vos paquets, enjôleur!...

TIBULLE.

Avec bonheur!... (*Il envoie des baisers à Cléopâtre, et sort en ébauchant un pas de danse.*)

GIBSON, *à Cléopâtre.*

Quel drôle de mari vous aurez là!...

CLÉOPATRE.

Faudra voir ça... faudra voir ça... (*Elle sort.*)

GIBSON, *rangeant ses herbiers.*

Là!... tout est en ordre... Je monterai cela dans ma chambre... Mais d'abord je vais dans la cour, guetter ce lézard vert qui m'échappe depuis un mois! (*Il sort.*)

SCÈNE III

MATHORI, *seul.*

Demain!... c'est demain qu'ils partiront pour toujours... et je ne la verrai plus!... (*Après un temps.*) Ne plus la voir!... La fille pâle est mon existence tout entière!... Il faut qu'elle soit à moi!... Jusqu'à ce jour j'ai gardé le silence!... Aujourd'hui son sort et le mien doivent se décider... Je parlerai... (*Après un temps.*) Si elle refusait!... si j'étais repoussé par elle!... (*Avec force, après un moment de silence.*) Eh bien! la ruse me viendrait en aide, à défaut de l'amour, et, cette nuit, la fleur du sommeil me la livrerait sans défense... (*Il s'approche des herbiers, et saisit une des fleurs laissées par Gibson.*)

MARTHE, *au dehors.*

Venez, monsieur Summer!

MATHORI, *cachant la fleur dans son sein.*

Elle!...

2.

MARTHE, *au dehors.*

Je vous montre le chemin.

MATHORI.

C'est elle !...

MARTHE, *au dehors.*

Vous vous reposerez un instant... (*Elle entre.*) Bonsoir, Mathori...

MATHORI.

L'âme de l'Indien est avec la jeune fille blanche...

MARTHE.

Merci...

SCÈNE IV

MATHORI, MAURICE DIDIER, JOHN SUMMER, MARTHE.

MAURICE DIDIER, *entrant avec John Summer.*

Oui, en vérité, je me reposerai volontiers.

MARTHE.

Voulez-vous vous rafraîchir, grand-père?...

DIDIER.

Non, mon enfant...

MARTHE.

Et vous, monsieur Summer?...

SUMMER, *s'asseyant.*

Grand merci, mademoiselle... Je ne prendrai rien avant le repas du soir... (*Marthe débarrasse le vieillard de son chapeau, qu'elle va porter sur une chaise.*)

DIDIER, *s'asseyant.*

Ainsi, mon brave John Summer, vous voilà bien au courant de l'étendue de nos plantations et de nos défrichements, qui vont devenir les vôtres, puisque vous les prenez à bail...

SUMMER.

Parfaitement, monsieur Didier...

DIDIER.

Êtes-vous satisfait?...

SUMMER.

Oui... et avec l'aide de Dieu, j'espère réussir...

DIDIER.

Je le crois comme vous, et je m'en réjouis... Marthe!...

MARTHE.

Grand-père...

DIDIER.

Tu n'oublieras pas de prendre les papiers qui se trouvent dans le tiroir supérieur du petit meuble de ma chambre à coucher.

MARTHE.

Les papiers de famille?..

DIDIER.

Oui... ton acte de naissance, celui de Lucien, et... (*Il s'interrompt.*)

MARTHE, *tristement.*

Les actes mortuaires de mon père et de ma mère... (*Essuyant une larme.*) C'est fait, grand-père...

DIDIER, *se levant.*

Ah! chère enfant, j'aurais dû moi-même me charger de ce soin... te voilà toute triste... tu pleures...

MARTHE.

Non, grand-père... c'est fini.

DIDIER, *à Summer, se rasseyant.*

Vous devez comprendre maintenant, Jonh Summer, pourquoi nous quittons l'Amérique... De trop pénibles souvenirs nous entourent ici... Mon fils unique et sa femme bien-aimée, morts tous les deux à la fleur de leur âge!.. Je ne veux pas condamner mes petits-enfants à un exil éternel!.. Ils sont riches, d'ailleurs... l'héritage de leur père et ma propre fortune leur assurent en France une heureuse et calme existence, loin des dangers de ces pays sauvages...

SCÈNE V

Les Mêmes, TIBULLE, *puis* GIBSON, *puis* CLÉOPATRE.

TIBULLE, *entrant vivement.*

Les sauvages!... On parle de sauvages!.. Où sont-ils? Est-ce que nous allons être scalpés? (*Il veut sortir à droite, il se trouve devant Mathori et recule épouvanté.*) Ah! (*Reconnaissant l'Indien.*) Tiens, c'est Mathori!

MARTHE, *souriant.*

Rassurez-vous, monsieur Tibulle, rien de semblable ne nous menace...

TIBULLE, *saluant.*

Mademoiselle Marthe... Monsieur Didier... Ah! c'est que, voyez-vous, au moment de partir pour la France, il serait si

pénible... brrr! (*Il passe son doigt autour de sa tête.*) Ça
m'en donne la chair de coq!

GIBSON, *entrant.*

Mon lézard vert m'a encore glissé entre les doigts.

MARTHE, *riant à Tibulle.*

Peureux !

TIBULLE.

J'en conviens, mademoiselle, j'ai la faiblesse d'avoir horreur du scalp!

SUMMER *à Gibson.*

Vous ne partez pas, vous, monsieur Gibson?

GIBSON.

Que le ciel m'en préserve! J'aime mieux courir la chance
d'être rôti tout vif par les Hurons que d'abandonner mes
études.

DIDIER.

Glorieux enthousiasme!

TIBULLE.

Grand bien lui fasse ! (*A lui-même.*) C'est un vieux fou!..

MARTHE, *à Cléopâtre qui entre.*

Cléopâtre...

CLÉOPATRE.

Mam'selle Marthe...

MARTHE.

Où donc est Lucien? Serait-il sorti?

CLÉOPATRE.

Vous en pouvez jurer hardiment! D'abord il est toujours
sorti, cet enfant-là.

DIDIER.

Depuis longtemps?

CLÉOPATRE.

Dam! depuis midi... ou approchant...

MARTHE.

J'espère bien, au moins, qu'il n'était pas seul.

CLÉOPATRE.

Ne l'esperez point! Il a bien défendu à Jack de le suivre.

DIDIER, *se levant.*

Cet imprudent enfant me fera mourir de frayeur!

GIBSON.

Il a bon sang.

TIBULLE.

Du vif-argent!

CLÉOPATRE.

Un écureuil, quoi?

DIDIER, *à Mathori.*

Mathori, allez vite au devant de Lucien... la nuit approche
et je suis inquiet. (*Au moment où l'Indien va sortir, on entend un coup de fusil au dehors. Tibulle et Gibson poussent un
cri.*)

TIBULLE *et* GIBSON.

Miséricorde! On nous attaque! (*Ils se serrent l'un contre
l'autre.*)

CLÉOPATRE, *allant au fond et regardant.*

C'est lui! c'est monsieur Lucien! il est encore loin... il
descend de cheval... il court!... il remonte... une! deux!
Ah! le petit gueux! il va faire craquer sa culotte!

TIBULLE.

Dieu! que j'ai eu peur!

GIBSON, *à part.*

Et moi donc!

CLÉOPATRE.

Ah! pepin de calvil!... comme il galope!... comme il
galope!...

MARTHE.

Le voici...

SCÈNE VI

LES MÊMES, LUCIEN. (*Il entre au galop sur son poney. — Il
a son fusil en bandoulière et porte une outarde sur le devant
de sa selle.*)

LUCIEN, *toujours à cheval.*

Bonjour, grand-père... bonjour, grande sœur... bonjour,
Tibulle... bonjour, Gibson... bonjour, Mathori... bonjour,
tout le monde!... me voilà!...

MARTHE.

D'où viens-tu, diable incarné?

LUCIEN.

Parbleu! il me semble que ça se voit!... je viens de la
chasse...

MARTHE.

Sans nous avertir!...

DIDIER.

Et seul encore!... Malgré ma défense!...

LUCIEN.

Grand-père, ne gronde pas!... grande sœur, sois gentille!...

DIDIER.

Lucien, tes imprudences nous plongent dans des inquiétudes mortelles.

MARTHE.

Vrai, tu mériterais de n'être plus aimé!...

LUCIEN, *à son poney.*

Tête-de-Flèche, mon mignon, tu vois qu'on nous reçoit comme deux barbets dans un jeu de boules!... laissons passer l'orage!... retournons chercher des outardes...

DIDIER, *prenant le cheval par la bride.*

Lucien, c'est mal!...

MARTHE.

Oh! mon frère!...

LUCIEN, *descendant de cheval.*

Voyons, grand-père... voyons grande sœur... vraiment vous n'êtes pas raisonnables! — Je ne suis plus un enfant, que diable!... (*Un domestique emmène le cheval.*)

DIDIER, *haussant les épaules.*

Quatorze ans!... voyez un peu!!!...

TIBULLE.

A quatorze ans, monsieur Lucien, je jouais déjà : *Au clair de la lune,* sur mon flageolet, et sans faire une seule fausse note!...

GIBSON.

A quatorze ans, je connaissais les noms latins de trois mille sept cent quarante-deux plantes!...

LUCIEN, *riant.*

Eh bien! moi, je ne joue ni *au clair du soleil,* ni *au clair de la lune,* et j'ignore les noms latins des épinards et des salsifis... mais je sais autre chose... je sais tuer les outardes, et la preuve c'est qu'en voilà une magnifique! Ah! grand-père, tu aimes les outardes! ne dis pas non!... j'ai rapporté celle-ci tout exprès pour toi!... (*A Cléopâtre, lui donnant l'outarde.*) Cléopâtre, va la plumer, mets-la à la broche, et nous la mangerons à souper!... grand-père en aura les deux ailes!... (*A Maurice Didier.*) Je suis pardonné, n'est-ce pas?

DIDIER, *l'embrassant.*

Enfant gâté, va!... (*Il s'assied.*)

LUCIEN, *frappant dans ses mains.*

A la bonne heure!... (A *Cléopâtre.*) Tu mettras les plumes dans ton oreiller...

CLÉOPATRE.

Est-il gentil!... (*Elle se dirige vers la porte en emportant l'outarde.*)

LUCIEN.

Surtout ne la laisse pas brûler comme la dernière.

CLÉOPATRE.

Elle n'était pas brûlée, d'abord!... un simple petit coup de feu!...

LUCIEN.

Merci! du charbon!... et pourtant, quand tu veux, tu cuisines si bien!...

CLÉOPATRE, *prenant le fusil de Lucien.*

Pas moyen de lui en vouloir!... (*Elle sort.*)

LUCIEN, *tendant sa joue à Marthe et la câlinant.*

A pus fâchée!... grande seuseur?...

MARTHE.

Non... si tu me promets de ne pas recommencer.

LUCIEN.

Recommencer? Et comment, bon Dieu?... Ça me serait difficile!... nous partons demain!... C'est bien pour cela que j'ai profité de mon dernier jour!... Mon vieil ami Bas-de-Cuir, quand il était notre éclaireur, ne m'a pas appris à monter à cheval et à tuer les outardes pour laisser *Tête-de-Flèche* à l'écurie et mon fusil accroché au mur...

MATHORI, *à part.*

Bas-de-Cuir!

LUCIEN.

J'ai fait ma dernière visite aux montagnes et aux vallées qui m'ont vu naître et grandir... j'ai donné un dernier regard, j'ai dit un dernier adieu aux arbres, aux rochers, aux prairies, aux rives de l'Hudson, à cet endroit sinistre où la panthère noire allait me dévorer, si Bas-de-Cuir ne l'avait abattue d'un coup de carabine!... J'ai ployé les genoux sur la tombe de mon père, sur celle de ma mère... je leur portais mon dernier bouquet... mon dernier baiser... mes dernières larmes...

DIDIER, *le serrant dans ses bras.*

Cher enfant!...

LUCIEN, *s'asseyant sur les genoux de son grand-père.*

Vous m'éloignez de ce pays... vous me faites quitter toutes

les choses que j'aime... il me fallait bien les revoir encore
pour les graver dans mon souvenir... pour ne les oublier
jamais!...(*Se levant.*) Je suis bien triste, allez, et j'ai le cœur
bien gros!... songez-y donc!... partir sans avoir embrassé
Bas-de-Cuir, qui me faisait sauter tout petit sur ses genoux!... il m'aimait tant, et je l'aimais si fort!... Pauvre
Bas-de-Cuir!... C'est un homme celui-là, et les hommes
ne doivent pas pleurer... et cependant je suis bien sûr
qu'en apprenant qu'il ne me verra plus, il essuiera des
larmes sur sa joue!... (*Il pleure.*)

MARTHE, *le caressant.*

Lucien... cher Lucien... mon frère!

LUCIEN, *cachant ses larmes sous un rire affecté.*

Vous croyez peut-être que je pleure?... Eh bien! vous
vous trompez.. J'en ai l'air, mais ce n'est pas vrai... je ris,
au contraire... Tenez, je ris!... (*Après un silence.*) Ah! ça
n'empêche pas que j'ai joliment du chagrin!... (*Changeant
de ton.*) Est-ce que c'est un beau pays, la France?

DIDIER.

Magnifique.

LUCIEN.

Et Paris?

TIBULLE.

Paris?... un paradis! quelque chose qui ressemble à une
symphonie en *mi bémol.*

LUCIEN.

Il y a des bois à Paris?

TIBULLE.

Je crois bien.

GIBSON.

Le bois de Boulogne...

LUCIEN.

Des hommes sauvages?

GIBSON.

Ils sont rares, mais on en rencontre quelques-uns...

LUCIEN.

Et des femmes sauvages?

TIBULLE.

Pas du tout, par exemple!... Ça manque de femmes sauvages... ça en manque même un peu trop!

LUCIEN, *avec un soupir.*

Vous aurez beau dire, j'ai bien peur que la France ne
remplace jamais pour moi l'Amérique.

MARTHE.

Grand-père et moi, nous serons là auprès de toi, tous deux... cela ne te suffira-t-il pas ?

LUCIEN.

C'est vrai... je vous aimerai... et je n'aurai pas le temps de penser à autre chose.

TIBULLE.

Excepté, bien entendu, à nos leçons de musique et de danse.

LUCIEN, *dansant et chantant.*

Oui... oui... « J'ai du bon tabac ! » et le menuet : Tra la la la !... C'est convenu.

TIBULLE.

Les pieds en dehors ! (*On entend au dehors le bruit d: nombreuses sonnettes et les appels des bergers.*)

DIDIER.

John Summer, voici les troupeaux qui rentrent à l'établissement... allons, si vous voulez, visiter les étables.

SUMMER.

Je suis à vos ordres, monsieur Didier.

GIBSON.

Je vous accompagne...

TIBULLE.

Moi aussi... j'ai toujours adoré les bêtes.

GIBSON, *à part.*

C'est par égoïsme...

DIDIER, *à l'Indien.*

Mathori, vous devez, au point du jour, vous mettre en route avec nous et nous servir de guide, à travers les forêts, jusqu'au port d'embarquement... Allez vous assurer que les mulets et les chariots seront prêts dès l'aurore.

MATHORI.

Mathori obéira...

DIDIER, *à Marthe.*

Tu restes, mon enfant ?

MARTHE.

Oui, grand-père... je vais donner un dernier coup d'œil aux apprêts du souper.

DIDIER, *à Summer et à Gibson.*

Venez, messieurs. (*Ils sortent.*)

TIBULLE, *à Lucien, en sortant.*

Une ronde vaut deux blanches, une blanche vaut deux noires... la noire vaut deux croches... la croche...

LUCIEN, *riant.*

Ami Tibulle, vous m'étourdissez ! (*Il sort.*)

TIBULLE, *à lui-même.*

Il n'y mordra jamais ! (*Courant après Lucien.*) Les pieds
en dehors, monsieur Lucien, les pieds en dehors ! (*Il sort.*)

SCÈNE VII

MARTHE, MATHORI.

MATHORI, *à lui-même.*

Il le faut... le chef parlera...

MARTHE, *se trouvant en face de l'Indién.*

Qu'avez-vous, Mathori ?... Depuis votre retour, vous me
semblez triste et sombre... Regrettez-vous d'avoir pris l'en-
gagement de nous servir de guide ?

MATHORI.

Partout où la jeune fille blanche portera ses pas, Mathori
sera heureux de l'accompagner.

MARTHE.

Êtes-vous impatient de rejoindre votre tribu ?

MATHORI.

Le bonheur serait dans ma tribu, si la jeune fille blanche
y était reine.

MARTHE, *souriant.*

Mais je n'y suis pas reine... Est-ce donc notre départ qui
vous afflige ?

MATHORI.

Oui...

MARTHE.

L'Indien sait garder le souvenir, et le souvenir console.

MATHORI.

Le souvenir est un chagrin de plus quand il parle à
l'âme des espérances évanouies.

MARTHE.

Des espérances ?... Je ne vous comprends pas.

MATHORI.

Les abîmes de la mer ne gardent pas mieux leurs secrets
que l'âme de l'Indien ne garde ses pensées... et cependant
vous avez lu sur le visage de Mathori la tristesse qui le dévore...

MARTHE.

C'est vrai... mais je vous le demande de nouveau, d'où vient cette tristesse?...

MATHORI, *après un temps.*

Lorsque l'Indien vivait dans ses forêts, il ne savait pas que le grand Esprit avait créé des êtres humains d'une autre couleur que la sienne. — Quand, pour la première fois, il vit les visages pâles, les visages des oppresseurs de ses frères, il sentit la haine germer dans son sein... il jura d'exterminer la race blanche, et la haine le conduisit dans cette habitation...

MARTHE, *avec épouvante.*

La haine!...

MATHORI.

Que la jeune fille soit sans crainte et qu'elle écoute jusqu'au bout... L'Indien avait un guide, la ruse...: un espoir, la vengeance... mais il vous vit et il fut dompté... il était devenu votre esclave...

MARTHE.

Mon esclave!...

MATHORI.

Un de vos regards avait chassé la haine comme le soleil dissipe les brouillards du matin... l'Indien oubliait la vengeance... il vous aimait...

MARTHE, *vivement.*

Mathori!...

MATHORI.

Il vous aime!

MARTHE.

Taisez-vous!...

MATHORI.

Pourquoi la fille blanche ne deviendrait-elle pas la femme du visage bronzé?

MARTHE, *stupéfaite.*

Votre femme!... moi!...

MATHORI.

Les guerriers s'inclinent devant moi... ailleurs je commande... ici je supplie... ici j'implore!... C'est une royauté que j'offre à la fille blanche... qu'elle consente à la partager avec moi...

MARTHE.

Entre votre race et la mienne toute alliance est impossible... Vos rêves sont insensés, il faut les oublier.

MATHORI.

Vos regards ont allumé dans l'âme de l'Indien un incendie qui ne s'éteindra pas !... Je vous aime ! vous m'aimerez !...

MARTHE.

Jamais !

MATHORI.

L'Indien a fait un serment, et ce qu'il a juré s'accomplit ôt ou tard !...

MARTHE.

Je vous ai écouté avec tristesse, mais avec calme... ne me contraignez pas à parler un langage qui vous ferait souffrir. Chassez de votre esprit toute espérance et j'oublierai des paroles que vous n'auriez pas dû prononcer...

MATHORI.

Ainsi, vous repoussez mon amour ?...

MARTHE.

Je le repousse...

MATHORI, *avec violence.*

Ah ! prenez garde !...

MARTHE, *fièrement.*

A quoi donc ? Allez-vous menacer maintenant ?... Oubliez-vous que ma race est souveraine et que la vôtre est esclave ? Oubliez-vous qu'un abîme infranchissable, creusé par Dieu lui-même, sépare les faces cuivrées et les visages pâles ?...

MATHORI, *courbant la tête*

C'est vrai !... pardonnez à l'Indien... l'amour le rendait fou... l'amour lui faisait tout oublier !... — Ses yeux viennent de s'ouvrir... la lumière est revenue dans son âme... désormais il se souviendra...

MARTHE.

Mon père vous a donné des ordres, ne l'oubliez pas...

MATHORI, *s'inclinant.*

J'obéis. (*Il remonte vers le fond, s'arrête sur le seuil, et répète.*) J'obéis ! (*Il sort.*)

SCÈNE VIII

MARTHE, *seule, tombant sur un siége.*

Je suis brisée... le courage qui tout à l'heure m'a soutenue me fait défaut maintenant... me voici seule... et j'ai peur !... (*Se levant.*) J'ai vu le regard de cet Indien étinceler d'un feu sombre lorsque j'ai repoussé ses offres insensées !.. S'il voulait se venger… Mais non, j'ai tort de craindre… il s'est humilié… il a demandé pardon… Demain, d'ailleurs, nous aurons quitté ce pays; dans quelques jours, nous serons hors de tout péril…

LUCIEN, *au dehors.*

Ma sœur… ma sœur! grande nouvelle… bonne nouvelle!

MARTHE, *vivement.*

C'est Lucien… qu'y a-t-il donc?

SCÈNE IX

MARTHE, LUCIEN, *puis* BAS-DE-CUIR, UNCAS,
PAUL LAURIÈRE.

LUCIEN, *entrant.*

Le voici, Marthe!… entends-tu?… le voici!… Je ne partirai pas sans l'avoir embrassé!

MARTHE.

Quelle joie, cher enfant!… mais de qui parles-tu?…

LUCIEN.

De mon meilleur ami… de celui que nous aimons tant…

MARTHE.

Bas-de-Cuir?

LUCIEN.

Oui, oui… Bas-de-Cuir… tu vois bien que tu l'as nommé. Il arrive… il me suit!… Ah! si tu savais, Marthe, comme je suis heureux!… (*Bas-de-Cuir paraît sur le seuil de la porte du fond. Le cheval Bull est à côté de lui. Uncas et Paul Laurière le suivent.*) Le voilà!…

MARTHE, *courant à lui.*

Bas-de-Cuir!

BAS-DE-CUIR, *avec émotion.*

Mademoiselle Marthe.

LUCIEN.

Ah! il t'appelle *Mademoiselle*, à présent, pourquoi donc ça?…

MARTHE.

Pour lui, Marthe toujours… rien que Marthe!… (*Lui tendant son front.*) Eh bien! cher sauvage, embrassez-moi donc!… Vous m'embrassiez il y a six mois…

BAS-DE-CUIR, *à part, après avoir appuyé ses lèvres sur le front de Marthe.*

Ah! j'aurais dû ne pas revenir…

PAUL LAURIÈRE, *qui n'a cessé de regarder Marthe.*
Quelle adorable jeune fille !...

MARTHE, *allant à Uncas.*
Et vous aussi, Uncas !... à la bonne heure... vous vous
êtes souvenu de vos amis...

UNCAS.
Le cœur d'Uncas n'oublie jamais...

BAS-DE-CUIR.
Uncas dit vrai... l'Indien se souvient du bien comme du
mal jusqu'à son dernier souffle... (*à lui-même*) et je suis
Indien par le cœur.

LUCIEN, *prenant Paul Laurière par la main.*
Et moi, ma sœur, je te présente un monsieur qui s'appelle Paul Laurière... c'est un Français... il arrive de Paris...
Je l'ai déjà questionné, et il m'a répondu que la France ça
n'était pas amusant du tout...

PAUL LAURIÈRE, *s'inclinant.*
Mademoiselle...

MARTHE.
Soyez le bienvenu chez mon père, monsieur...

LUCIEN.
Maintenant que la présentation est faite, je vais conduire
Bull à l'écurie. (*Caressant le cheval.*) Tu veux bien venir
avec moi, n'est-ce pas, Bull?... Nous causerons tous les
deux comme une paire d'amis. Te souviens-tu de nos pro-
menades d'autrefois, Bull?... Il s'en souvient! il fait signe
que oui !... Ah !... le bon cheval !... Écoute, Bull, je vais
monter sur ton dos .. mais tu es trop grand... baisse-toi un
peu... (*Bull se met à genoux, l'enfant se met en selle, le cheval se relève.*) Là... voilà qui est fait !... Eh ! hop ! Bull, vite
à l'écurie !... (*Il sort au galop.*)

BAS-DE CUIR, *le suivant du regard.*
Que c'est beau la jeunesse !...

MARTHE, *à Bas-de-Cuir.*
Je suis bien heureuse de vous voir, ami Bas-de-Cuir...
et mon grand-père partagera ma joie... nous espérions si
peu votre visite en ce moment...

BAS-DE-CUIR.
Nous venons vous demander l'hospitalité.

MARTHE.
Tant mieux ! la maison est à vous tout entière. Asseyez-
vous, monsieur Laurière.

PAUL LAURIÈRE.

Merci, mademoiselle.

MARTHE, à Bas-de-Cuir.

Vous devez être fatigués?

BAS-DE-CUIR.

Est-ce que Bas-de-Cuir se fatigue jamais?...

MARTHE.

Six mois sans venir nous voir... six mois sans donner de vos nouvelles!... C'est bien mal... nous commencions à croire que vous nous aviez oubliés...

BAS-DE-CUIR.

Oubliés!...

MARTHE.

Vous avez sans doute servi de guide à Monsieur Laurière dans les immenses solitudes qu'il faut traverser pour arriver ici?

BAS-DE-CUIR.

Oui, et je crois sans vanité que le guide était bien choisi; il n'est pas une clairière des forêts que je ne connaisse... pas un taillis où je n'aie fait retentir la détonation de mon tueur de daims. La nature vierge de ces contrées est un livre immense et sublime où mes regards ont appris à lire. Est-ce vrai, Uncas?

UNCAS.

C'est vrai... le sauveur d'Uncas a les yeux d'un Indien.

MARTHE, à Paul.

Monsieur Laurière vient sans doute en Amérique pour y retrouver une famille?

PAUL LAURIÈRE.

Non, mademoiselle, je viens avec l'intention d'y fonder un établissement...

MARTHE.

Vous arrivez, messieurs, au moment où les autres partent.

BAS-DE-CUIR, vivement.

Les autres?... qui donc?...

MARTHE, à Bas-de-Cuir.

Lucien ne vous a-t-il rien dit?

BAS-DE-CUIR.

Rien!... mais parlez vite, vous me faites peur...

MARTHE.

Douze heures plus tard vous n'auriez plus trouvé vos amis dans cette demeure!...

BAS-DE-CUIR.

Douze heures plus tard?... pourquoi?... que signifie cela ?

MARTHE.

Cela signifie que demain, au point du jour, nous vous dirons un adieu sans doute éternel.

PAUL LAURIÈRE, *à part.*

Elle part !... (*Il remonte vers Uncas, et, tout en causant, il sort lentement avec l'Indien.*)

BAS-DE-CUIR.

Un adieu éternel ?

MARTHE.

A moins que vous ne partiez avec nous pour revoir notre commune patrie, la France.

BAS-DE-CUIR.

Vous partez!... et c'est pour la France ?...

MARTHE.

Oui...

BAS-DE-CUIR.

Et c'est demain?...

MARTHE.

Demain...

BAS-DE-CUIR, *avec élan.*

Mais c'est impossible !...

MARTHE.

Pourquoi donc?

BAS-DE-CUIR, *trés-ému.*

Excusez-moi... je voulais dire... je ne sais plus... je ne sais plus...

MARTHE.

Qu'avez-vous?... comme vous semblez ému !...

BAS-DE-CUIR.

Ému!... moi... mais non... après ça, c'est bien naturel... je m'attendais si peu... un si brusque départ...

MARTHE.

Ce départ est moins brusque que vous ne le pensez... mon grand père l'a résolu depuis plus de deux mois...

BAS-DE-CUIR.

C'est vrai... je ne pouvais rien savoir... je ne sais rien... j'ai tort de m'étonner... mais que voulez-vous? c'est plus fort que moi... (*A lui-même.*) Et c'est le hasard seul qui m'amène... et demain, si j'étais venu, j'aurais trouvé la maison vide... je ne l'aurais jamais revue !...

MARTHE.

Bas-de-Cuir, mon ami, mon vieil ami, vous avez pâli...
vous souffrez !...

BAS-DE-CUIR.

Eh bien, oui, c'est vrai... oui... je souffre...

MARTHE.

Et c'est la nouvelle de notre départ qui vous attriste
ainsi?...

BAS-DE-CUIR.

Que voulez-vous?.. j'arrivais joyeux... j'allais vous revoir... vous et tous ceux que j'aime ici... et puis, tout
d'un coup, j'apprends... ça m'a fait mal... j'ai senti mon
cœur se serrer... Ah ! c'est une faiblesse, je le sais bien,
mais ça passera... il ne faut pas vous moquer de moi...

MARTHE.

Me moquer de vous... quand au contraire votre affection
me touche si profondément ! Ah! vous nous aimez bien, je
le sais... et je m'en souviendrai...

BAS-DE-CUIR, *vivement.*

Oui, n'est-ce pas, vous vous souviendrez?

MARTHE.

Je le promets...

BAS-DE-CUIR.

Toujours?

MARTHE.

Toujours...

BAS-DE-CUIR.

Quand vous serez loin... bien loin d'ici... en France...
vous vous direz parfois : Ce pauvre Bas-de-Cuir, il est là-bas,
tout seul dans le désert de la prairie ou sous la voûte de la
forêt... la tête penchée sur sa poitrine... il pense à nous...
il nous regrette... il nous aime... Vous vous direz cela, n'est-
ce pas?...

MARTHE

Je le jure !...

BAS-DE-CUIR.

Vous êtes bonne!... Merci !...

LUCIEN, *rentrant avec Uncas et Paul Laurière.*

La !... Bull est à l'écurie, installé comme un roi!... Il a
de la litière jusqu'au poitrail, et il mange... il mange d'un
appétit !... c'est à donner envie de souper avec lui... (*A
Bas-de-Cuir.*) Maintenant, mon grand ami, je ne te quitte
plus... Grand-père est aux étables avec John Summer, le

3.

nouveau fermier... Allons le retrouver! Va-t-il être content de te voir! (*A Uncas.*) Viens aussi avec nous, Uncas...
(*A Paul Laurière.*) Vous, monsieur le Français, restez avec ma sœur... parlez-lui de la France, et dites-lui, comme à moi, que ce n'est pas amusant du tout!...

PAUL LAURIÈRE, *souriant.*

Quel espiègle!...

LUCIEN.

Espiègle, moi?... par exemple!... Je suis grave comme un chef indien!...

BAS-DE-CUIR, *à part.*

Elle part demain!...

LUCIEN, *à Bas-de-Cuir et à Uncas, les prenant par la main.*

Allons, venez, mes deux petits amis!... et dépêchons-nous. (*Ils sortent.*)

SCÈNE X

PAUL LAURIÈRE, MARTHE.

PAUL LAURIÈRE, *à Marthe.*

Quel charmant lutin que votre frère, mademoiselle!...

MARTHE, *s'asseyant.*

Une tête un peu légère peut-être... c'est de son âge!... mais un cœur d'or!...

PAUL LAURIÈRE.

Il est né, comme vous, en Amérique?

MARTHE.

Oui... et notre départ l'afflige...

PAUL LAURIÈRE.

Plus que vous?...

MARTHE.

Plus que moi, c'est vrai, car je suis sûre d'être heureuse partout où je pourrai vivre auprès de mon grand-père et de mon frère bien-aimé.

PAUL LAURIÈRE.

Vous ne connaissez pas la France?

MARTHE.

Je ne la connais pas, mais je sais que c'est un beau et noble pays...

PAUL LAURIÈRE, *s'asseyant.*

Le pays des grands enthousiasmes, des grands hommes et des grandes choses!...

MARTHE.

Vous, qui lui rendez ainsi justice, l'avez-vous quitté sans
regrets?

PAUL LAURIÈRE.

Oh! parfaitement!...

MARTHE.

Cela m'étonne...

PAUL LAURIÈRE.

Songez-y donc, mademoiselle, dans ce pays des grands
hommes, je n'étais rien!... Dans ce pays des grandes choses,
je ne faisais rien!... Dans ce pays des grands enthousiasmes, il ne me restait que froideur, indifférence, désil-
lusions!...

MARTHE.

Tant pis pour vous, monsieur!... Vous êtes bien à plain-
dre ou... (*Elle s'interrompt.*)

PAUL LAURIÈRE, *souriant.*

Ou bien à blâmer, n'est-ce pas?... Eh mon Dieu! mademoiselle, tous les deux à la fois... L'inutilité de ma vie
était une faute, une faute grave... mais j'ai une excuse...
Dès mon enfance, il m'est arrivé un malheur...

MARTHE.

Lequel?...

PAUL LAURIÈRE.

Celui de naître millionnaire... Tout naturellement, j'ai
ouvert le livre de la vie à ses plus belles pages, sans con-
naître les privations, les luttes, les douleurs, qui sont
comme la préface des fortes existences!... J'ai épelé ces
pages, laissant à chaque lettre un lambeau de mon cœur,
à chaque mot un lambeau de mon âme, à chaque phrase
un lambeau de ma fortune!... Un beau jour, j'ai voulu
retourner au commencement... J'ai voulu lire les premières pages... j'ai découvert alors que j'étais ruiné...
et que je ne savais pas lire...

MARTHE.

Qu'avez-vous fait?...

PAUL LAURIÈRE, *se levant.*

Je suis parti...

MARTHE.

Désespéré, sans doute?...

PAUL LAURIÈRE.

Ma foi, non... l'esprit libre, au contraire, et le cœur
joyeux... Je venais, pour la première fois de ma vie, de

prendre une bonne résolution... Et puis, qu'avais-je à re-
gretter?... Personne... mon père et ma mère étaient
morts dans ma première enfance... mes bons amis riaient
aux éclats en voyant mes derniers louis se fondre l'un après
l'autre au creuset de mes fantaisies!... Mes bonnes amies
chantaient, et Dieu sait quelles chansons, en regardant mon
cœur flotter à la dérive comme une épave que tous les vents
ballottent!... Je riais et je chantais aussi, moi!... Je riais
haut, je chantais fort!... Mais parfois, quand je regardais
en moi-même, je sentais qu'un sanglot me montait aux
lèvres à la place d'un éclat de rire!... Alors j'éperonnais
ma folie, je rattachais mon masque, et je chantais encore...
je chantais pour ne pas pleurer!... (*En ce moment, Rayon-
du-Soir paraît à la porte du fond. — Au moment de franchir
le seuil, elle s'arrête et écoute.*)

RAYON-DU-SOIR, *à part.*

L'étranger!...

MARTHE, *à Paul, se levant.*

Et, pour vous consoler, pour vous raffermir, pas une âme
bienveillante, et pas un cœur ami?...

PAUL LAURIÈRE.

Pas un!... Ah! si j'avais rencontré sur ma route un de
ces anges pour qui le mal est un ennemi, il m'aurait donné,
j'en suis sûr, le seul amour qui ne trompe point ici-bas...
l'amour de la famille...

MARTHE.

Je vous plains de toute mon âme!... En vivant près des
miens, j'ai compris ce qu'on doit souffrir privé des saintes
affections du foyer...

PAUL LAURIÈRE.

Et moi, je le comprends mieux encore en voyant cette
demeure...

MARTHE.

Vous allez vous fixer en Amérique?...

PAUL LAURIÈRE, *la regardant fixement.*

C'est dans ce but que j'avais traversé les mers...

MARTHE.

Auriez-vous déjà changé de résolution?

PAUL LAURIÈRE.

Peut-être...

MARTHE.

Comment?...

PAUL LAURIÈRE, *après un temps.*

Croyez-vous, mademoiselle, qu'une âme froissée, meurtrie, presque morte, n'espérant plus, doutant de tout, puisse en un instant, renaître, revivre, croire, espérer, en présence d'une autre âme, vierge et sainte, qui lui serait apparue soudainement?...

MARTHE, *embarrassée.*

Mais...

PAUL LAURIÈRE.

Répondez-moi, je vous en supplie...

MARTHE.

Eh! bien, oui, je le crois...

RAYON-DU-SOIR, *à part.*

Ah!...

PAUL LAURIÈRE.

Et croyez-vous que l'âme ainsi placée par le hasard, ou plutôt par la Providence, sur la route du pauvre insensé, pourrait et voudrait entreprendre sa guérison morale?... (*Silence de Marthe.*) Oh! n'hésitez pas... répondez...

MARTHE.

Si l'âme de l'insensé, en abandonnant tout espoir, en répudiant toute croyance, n'avait point renié le Dieu de justice et de bonté qui pardonne et qui sauve... je croirais.. oui!... je croirais la guérison possible!... et l'âme choisie pour cette œuvre sainte ne reculerait point devant la tâche...

PAUL LAURIRÈRE, *avec feu.*

Oh! merci!...

RAYON-DU-SOIR, *à elle-même.*

Ils s'aimeront!...

SCÈNE XI

LES MÊMES, RAYON-DU-SOIR.

PAUL, *se retournant.*

Nous ne sommes plus seuls...

MARTHE, *voyant Rayon-du-Soir.*

Une Indienne!... qui êtes-vous?

RAYON-DU-SOIR.

La jeune fille a-t-elle oublié le visage de Rayon-du-Soir

MARTHE.

Vous nous écoutiez?

RAYON-DU-SOIR.

Oui... et l'Indienne est bienheureuse...

MARTHE.

Que voulez-vous de moi?

RAYON-DU-SOIR, *s'agenouillant devant Marthe et lui baisant les mains.*

Rien... plus rien!... L'Indienne venait ici le front chargé d'orages... Elle a entendu l'étranger parler à la fille pâle... elle a entendu la fille pâle lui répondre... l'orage s'est dissipé... l'Indienne est calme maintenant... Elle vous aime tous les deux...

MARTHE.

Expliquez-vous?

RAYON-DU-SOIR.

Rayon-du-Soir, s'il le faut, bravera pour vous la colère des guerriers... (*Avec des larmes*). Le cœur de Rayon-du-Soir est à vous!...

PAUL LAURIÈRE.

Que veut-elle dire?

RAYON-DU-SOIR.

Le grand Esprit a fait la liane timide pour enlacer le chêne altier!... La liane et le chêne seront heureux!... Rayon-du-Soir veillera sur la fille des visages pâles!... (*Elle se dirige lentement vers la porte ; au moment de l'atteindre elle se retourne.*) Elle veillera!... (*Elle sort.*)

SCÈNE XII

PAUL LAURIÈRE, MARTHE, *puis* BAS-DE-CUIR, UNCAS, MAURICE DIDIER, LUCIEN, SUMMER, TIBULLE, GIBSON, CLEOPATRE, SYLVIE.

PAUL LAURIÈRE, *à Marthe.*

Quelle est donc cette femme?

MARTHE.

La sœur de l'éclaireur indien qui doit, demain, nous servir de guide...

PAUL LAURIÈRE.

Je ne comprends pas bien encore le langage imagé des

tribus indiennes, mais ses paroles m'ont remué le cœur...
Qu'a-t-elle voulu dire?...

MARTHE, *avec beaucoup d'embarras.*

Je... je ne sais...

PAUL LAURIÈRE.

Cependant, mademoiselle, vous êtes émue, troublée...
comme moi...

MARTHE.

Encore une fois, je ne sais... je ne puis vous répondre...
Ah! voici mon grand-père... (*Elle va vivement au fond.
Entrée générale. Cléopâtre et Sylvie apportent des lumières,
car la nuit est venue par degrés, et placent la table au milieu
de la pièce.*)

LUCIEN, *allant à Paul et le conduisant à Didier.*

Grand-père, voici le Français... il soupe avec nous... il
mangera de mon outarde. (*A Bas-de-Cuir.*) J'ai tué une outarde d'un seul coup!... tu vois, mon grand ami, que j'ai
profité de tes leçons!...

BAS-DE-CUIR.

Oui... oui... tu as été à bonne école... et l'élève fait honneur à son maître!

DIDIER, *à Paul Laurière.*

Soyez doublement le bienvenu, monsieur, et comme hôte,
et comme compatriote... Malheureusement nous vous quitterons bientôt... Demain, au point du jour, nous prenons
le chemin du port d'embarquement.

BAS-DE-CUIR.

Et vous vous rapprocherez de la France, tandis que nous
nous enfoncerons plus profondément dans les solitudes!...

PAUL LAURIÈRE, *à lui même en regardant Marthe.*

Peut-être!... La nuit porte conseil...

LUCIEN.

A table, grand-père! à table tout le monde!... J'ai hâte
de voir mon outarde!... pourvu que Cléopâtre ne l'ait pas
mise en charbon comme la dernière...

CLÉOPATRE, *entrant et servant l'outarde.*

Ce serait bien fait pour vous, monsieur le gourmand...
mais elle est jaune comme de l'or.

TIBULLE, *à lui-même.*

L'eau m'en vient à la bouche!...

DIDIER.

Messieurs, à table!... (*On se dispose à prendre place.*)

LUCIEN.

Et Mathori? je ne le vois pas...

DIDIER.

Il exécute mes ordres... il va revenir sans doute.

CLÉOPATRE, *voyant Mathori paraître.*

Le voici, monsieur Didier!...

SCÈNE XIII

LES MÊMES, MATHORI.

MATHORI.

Tout est prêt, comme l'a commandé le maître.

BAS-DE-CUIR, *tressaillant.*

Cette voix!... (*A Uncas, à demi-voix.*) Regarde, Uncas!
regarde! C'est lui, n'est-ce pas? c'est bien lui?

UNCAS.

Oui... c'est lui! (*Uncas va lentement se placer au fond, à
la porte de la cour, derrière Mathori. Le visage de Bas-de-Cuir
exprime une émotion extraordinaire.*

MATHORI.

Avant que la nuit ait fait place au jour, les chariots et
les mulets seront dans la cour de l'habitation.

DIDIER.

C'est bien... Asseyez-vous, messieurs.

BAS-DE-CUIR, *d'une voix tonnante.*

Attendez! attendez!...

MATHORI, *tressaillant.*

Bas-de-Cuir!...

UNCAS.

Attendez!

MATHORI, *se retournant.*

Uncas et Bas-de-Cuir!

TOUS.

Qu'y a-t-il?

BAS-DE-CUIR.

Vous tous qui m'entendez, prenez garde!... vous êtes me
nacés!

TOUS, *se levant.*

Menacés!

GIBSON, *à part*.

Je suis mort!

TIBULLE, *à part*.

Je flageole...

BAS-DE-CUIR, *désignant Mathori*.

Savez-vous quel est cet homme?

DIDIER.

C'est Mathori, l'éclaireur indien... Mathori, notre guide...

BAS-DE-CUIR.

Mensonge!...

UNCAS.

Mensonge !...

BAS-DE-CUIR.

Cet homme est un ennemi!... Cet homme est Serpent-de-Feu, le chef de la tribu des Hurons!

TOUS.

Serpent-de-Feu!...

DIDIER.

Mais c'est impossible! Bas-de-Cuir se trompe!...

MARTHE.

Bas-de-Cuir ne se trompe pas, grand-père...

BAS-DE-CUIR.

Cet homme sous votre toit, c'est la trahison, c'est l'incen-die, c'est la mort! Sa tribu, j'en ferais le serment, se cache près de nous, dans les ténèbres, n'attendant qu'un signal du chef pour se ruer sur l'habitation !.. Ou bien quelque infâme embuscade vous attend demain dans le bois, car le Huron est lâche autant qu'il est cruel!...

UNCAS.

Race de démons! race d'assassins !

BAS-DE-CUIR, *à Mathori*.

Ton masque est arraché! nous sommes sur nos gardes!... Hors d'ici, misérable!... hors d'ici!...

TRIBULLE, *tremblant, à Gibson*.

Comment! il va le laisser partir!

BAS-DE-CUIR.

Va-t'en! va-t'en! ou j'oublierai dans ma colère que ton sang ne doit pas souiller cette demeure!...

MATHORI, *détachant son tomahawk de sa ceinture et le bran-dissant*.

Si l'un de vous appelle la mort, qu'il s'approche du guer-rier huron!

BAS-DE-CUIR, *saisissant sa carabine.*

Misérable!... tu nous défies!...

DIDIER *et* MARTHE.

Arrêtez, Bas-de-Cuir, au nom du ciel!..

BAS-DE-CUIR.

Va-t'en !

MATHORI.

Je pars!... mais que les visages pâles se souviennent!...
(*Lançant son tomahawk, dont la lame s'enfonce profondément
dans le plancher.*) Je laisse ici la hache de guerre!.. Ce sont
les guerriers de ma tribu qui viendront la chercher!...

BAS-DE-CUIR, *à Uncas.*

Il ne faut pas qu'il sorte de l'habitation. (*Mathori échappe
à Uncas, bondit vers la fenêtre et disparaît dans les ténèbres.
Bas-de-Cuir s'élance à sa suite, sa carabine à la main.*)

DIDIER.

Qu'allez-vous faire?

BAS-DE-CUIR.

Tuer la vipère, si je peux!... (*Épaulant sa carabine.*) Tu
ne donneras pas le signal!... (*Ils fait feu. Marthe et Lucien
tombent à genoux. Grand silence.*)

BAS-DE-CUIR, *se penchant au dehors.*

Quelles ténèbres! je ne vois rien!... (*On entend retentir
trois sons de trompe. Stupeur générale.*)

BAS-DE-CUIR.

Ah! il nous échappe! il nous échappe!

RIDEAU.

ACTE DEUXIÈME

TROISIÈME TABLEAU

Le théâtre est divisé en deux parties. — A gauche, l'habitation, composée d'un rez-de-chaussée et d'un premier étage. A droite, une cour entourée de palissades formées de troncs d'arbre et fortifiant l'habitation. Porte au fond, en pan coupé, placée dans les palissades, se fermant à l'aide de lourdes barres de fer et défendue par un fauconneau monté sur son affût. Au premier étage de l'habitation, fenêtre avec balcon praticable surplombant la cour. Un arbre immense étend sur le toit ses rameaux touffus descendant jusqu'au balcon; l'arbre est praticable. Dans la chambre du premier étage, un lit à rideaux blancs; meubles, siéges. Le rez-de-chaussée est meublé simplement. A droite, dans la cour, premier plan, l'entrée des écuries.

SCÈNE PREMIÈRE

MARTHE, MAURICE DIDIER, SERPENT-DE-FEU, CLÉO-PATRE. (*Au lever du rideau, Cléopâtre, une lumière à la main, entre dans la chambre du premier étage et se met en devoir de faire la couverture du lit. Au rez-de-chaussée, Maurice Didier, sur le seuil de la porte, prête l'oreille aux bruits du dehors. Marthe est assise près d'une table et lit. Il fait nuit. Grand silence. On voit alors Serpent de-Feu descendre lentement du milieu des branches du grand arbre et se glisser vers le balcon. Il se penche pour voir à l'intérieur, et apercevant Cléopâtre, il se retire vivement.*)

SERPENT-DE-FEU, *à lui-même.*

L'esclave!... il faut attendre. (*Il remonte dans l'arbre et disparaît derrière le feuillage.*)

MAURICE DIDIER, *prétant l'oreille.*

Marthe!

MARTHE, *quittant sa lecture.*

Grand-père?

MAURICE DIDIER.

N'as-tu rien entendu, mon enfant?

MARTHE.

Rien.

MAURICE DIDIER.

Il me semble pourtant... écoute... On dirait des pas à
l'étage supérieur...

MARTHE.

C'est Cléopâtre... qui sans doute met tout en ordre dans
ma chambre.

MAURICE DIDIER, *sortant et regardant depuis la cour à l'étage*
supérieur, puis rentrant.

Oui, tu as raison!... Mais le moindre bruit m'inquiète...
Depuis que Mathori s'est enfui de l'habitation en nous laissant pour adieu ses menaces sinistres, j'ai peur.

MARTHE.

Calmez-vous, grand-père... nous n'avons rien à craindre.

MAURICE DIDIER.

Je l'espère. (*Il écoute. Marthe reporte ses regards sur son*
livre, mais elle ne lit pas.)

MARTHE, *à elle-même.*

Moi aussi, j'ai peur... Oh! que grand-père ne sache pas
ce qui s'est passé entre l'Indien et moi!... j'augmenterais ses
craintes.

CLÉOPATRE, *au premier étage.*

La couverture est faite... Mamz'elle Marthe peut se coucher quand elle voudra... Si elle dort, tant mieux pour elle.
Moi je sais bien qu'après l'alerte de ce soir, je ne ferme-
rai pas l'œil de la nuit... j'aurais trop peur de rêver qu'une
de ces faces de pain d'épice me coupe la tête pour avoir
mes cheveux. (*Elle range divers objets, sort des fleurs sur le*
balcon et laisse la fenêtre entr'ouverte.)

MARTHE, *rêveuse, à elle-même et à demi-voix.*

Le Grand-Esprit a fait la Liane pour enlacer le Chêne, a
dit Rayon-du-Soir... la Liane et le Chêne seront heureux !
J'ai bien compris, mais la prédiction de l'Indienne ne pourra
se réaliser, puisque nous partons demain et qu'il reste !...
(*A ce moment, une ronde, composée de Paul Laurière, de Lu-*
cien, de Summer, de Tibulle, de Gibson et de Domestiques,
parait au fond de la cour, venant de derrière l'habitation.)

SCÈNE II

Les Mêmes, PAUL LAURIÈRE, LUCIEN, SUMMER, TIBULLE, GIBSON, Domestiques. (*Ils avancent lentement et écoutent près des palissades.*)

LUCIEN.

Monsieur Paul, écoutez donc... on dirait un bruit de pas. (*Paul prête l'oreille.*)

MARTHE, *dans la maison.*

On parle dans la cour.

MAURICE DIDIER.

C'est la ronde dirigée par M. Laurière.

PAUL LAURIÈRE, *répondant à Lucien.*

Je n'entends rien.

TIBULLE.

Moi, je persiste à dire que nous aurions bien fait de partir tout de suite... au lieu d'attendre le jour... Sait-on ce qui se passera cette nuit?...

GIBSON, *portant en sautoir sa boîte de botaniste et son filet à papillons.*

Taisez-vous donc... vous dites toujours des bêtises. (*On entend le son du cor au loin. Cléopâtre quitte la chambre du premier étage et emporte la lumière avec elle. Tous prêtent l'oreille.*)

MAURICE DIDIER.

On a sonné du cor dans la campagne.

MARTHE.

C'est Bas-de-Cuir et Uncas qui reviennent d'explorer les environs.

TIBULLE, *effaré.*

On marche de l'autre côté des palissades!... on s'approche de l'habitation... Miséricorde!...

GIBSON, *tremblant, à Tibulle.*

Peut-on avoir si peu de courage!... (*On sonne du cor une seconde fois.*)

PAUL LAURIÈRE.

Qui va là?

BAS-DE-CUIR, *au dehors.*

Amis!...

MAURICE DIDIER.

C'est Bas-de-Cuir.

LUCIEN.

Ouvrez... ouvrez vite! (*On tire les barres de la porte.*)

TIBULLE, *à Gibson.*

Êtes-vous assez peureux!... Quand je vous disais qu'il n'y avait pas de danger!...

GIBSON.

Vous ne me disiez pas un mot de ça, poltron que vous êtes!... (*Bas-de-Cuir et Uncas entrent dans la cour.*)

SCÈNE III

LES MÊMES, UNCAS, BAS-DE-CUIR, *puis* CLÉOPATRE.

BAS-DE-CUIR.

Fermez la porte solidement! N'oubliez pas de pousser tous les verrous!... (*Les domestiques ferment la porte.*)

TOUS, *s'approchant de Bas-de-Cuir.*

Eh bien?...

MAURICE DIDIER.

N'avez-vous rien vu?... rien entendu?... Tout est-il tranquille au dehors?

BAS-DE-CUIR.

Parfaitement tranquille! Trop tranquille même... Je me défie d'un calme si grand! Nous avons exploré de notre mieux les buissons épars dans la plaine jusqu'à la lisière de la forêt!... Si les Indiens sont quelque part, ils ne sont pas là!... La campagne est déserte! Les hiboux seuls chantent dans les bois.

UNCAS.

Le hibou chante et l'Indien veille.

BAS-DE-CUIR.

Je suis comme Uncas, moi... je n'aime pas, pendant les nuits d'alerte, cette plainte monotone et sinistre... On ne sait jamais si elle est poussée par un oiseau nocturne ou par quelque Peau rouge embusqué!

LUCIEN.

Si tu n'as pour te chagriner, mon grand ami, que les cris de ces vilaines bêtes, tu t'inquiètes de bien peu chose!... Ne te souviens-tu plus que les alentours de l'habitation sont peuplés de hiboux et de chouettes?...

MAURICE DIDIER.

Lucien a raison.. Cent familles d'oiseaux nocturnes ont

fait leurs nids dans les greniers de la ferme et dans les grands arbres des cours... Sitôt qu'arrive l'obscurité, ils s'appellent et se répondent... (*En ce moment le cri du hibou se fait entendre au loin sur plusieurs points.*)

BAS-DE-CUIR.

Les avez-vous jamais entendus s'appeler et se répondre ainsi?...

LUCIEN.

Dam... il me semble...

BAS-DE-CUIR.

Dieu veuille que je me trompe, et qu'il nous accorde une nuit calme!... (*De nouveaux cris se succèdent sur d'autres points de la campagne.*)

GIBSON, *tremblant.*

Ça me donne la chair de poule!...

TIBULLE, *frissonnant.*

Maudits oiseaux!... Ah! si je les tenais!!!... (*Un cri semblable à ceux qui viennent du dehors se fait entendre dans l'arbre même, dont les branches couvrent la toiture de l'habitation, et dans lequel on a vu Serpent-de-Feu.*)

PAUL LAURIÈRE

Eh! quoi! jusqu'ici! si près de nous!

BAS-DE-CUIR, *armant sa carabine.*

Oh! j'abattrai du moins celui-là! (*Le cri retentit de nouveau. Bas-de-Cuir regarde dans l'arbre.*)

SUMMER.

Il semble nous défier!...

TIBULLE.

Le drôle!!!...

BAS-DE-CUIR.

Attendez... je vois des yeux briller dans le feuillage... ma parole d'honneur, on jurerait les prunelles phosphorescentes d'un Indien!...

TIBULLE, *flageolant sur ses jambes.*

Oh! ne dites pas ça, monsieur Bas-de-Cuir, mon excellent monsieur Bas-de-Cuir!... Rien qu'à vous entendre, je défaille!...

BAS-DE CUIR.

L'oiseau maudit ne s'envolera pas!... (*Il ajuste lentement, puis il tire. — Instant de silence. — Un hibou, tombant des branches, vient s'abattre aux pieds de Bas-de-Cuir.*)

LUCIEN, *frappant dans ses mains.*

Victoire!... victoire!... Le voici! (*Il le ramasse.*)

BAS-DE-CUIR, *riant.*

Donne-le à monsieur Gibson. Il le placera dans sa collection d'oiseaux de paradis!...

GIBSON.

Oh! ne plaisantez pas avec ces choses-là!... Le genre rapace produit un effet déplorable sur mon système nerveux!...

TIBULLE.

Délicat!

CLÉOPATRE, *au rez-de-chaussée, entrant effarée.*

Ah! radis rouge et radis noir! est-ce que nous sommes attaqués?...

MARTHE.

Non! rassure-toi.

CLÉOPATRE, *tombant sur un siége.*

J'ai cru que c'étaient les sauvages!... J'en suis toute je ne sais comment!...

MAURICE DIDIER, *à Bas-de-Cuir.*

Que faut-il faire?

BAS-DE-CUIR.

J'ai le ferme espoir que Serpent-de-Feu n'aura pu joindre et réunir les Indiens de sa tribu, et que la nuit se passera sans attaque... Cependant, comme tout est possible, comme il faut tout prévoir et tout craindre, restons sur la défensive jusqu'au jour...

UNCAS.

Le Huron est lâche... le Huron n'attaque que quand les ténèbres couvrent la terre...

BAS-DE-CUIR.

Quand les premières lueurs de l'aube blanchiront le ciel, là-bas, du côté de l'orient, tout danger sera passé... Vous vous mettrez en route alors, et c'est moi qui vous servirai de guide... Seulement il faut attendre le jour...

GIBSON, *vivement, à Tibulle.*

Quelle heure avez-vous?....

TIBULLE, *regardant sa montre.*

Onze heures...

GIBSON, *regardant la sienne.*

Onze heures cinq; et le soleil ne se lève pas encore!.!...

MAURICE DIDIER, *à Bas-de-Cuir.*

Quelles dispositions à prendre?

BAS-DE-CUIR.

Uncas et moi, nous allons placer des sentinelles, de distance en distance, dans l'enclos, le long des palissades...

LUCIEN, *vivement.*

J'en suis, moi, des sentinelles, entends-tu, mon grand ami? et gare au premier sauvage qui passera à portée de ma carabine!... une! deux!.. pan!... Le voilà par terre!... Je ne manque pas une outarde, je ne manquerai pas un sauvage!...

MAURICE DIDIER.

Lucien, tu resteras dans l'intérieur de l'habitation... Je veux que tu dormes...

LUCIEN.

Dormir!... lorsque tout le monde veille! Je laisserais nos amis passer une nuit blanche!... à la belle étoile!... en face du péril!... la carabine sur l'épaule!... Et moi, qui suis un homme aussi, je m'endormirais bêtement, la tête sur l'oreiller!... Ah! grand-père, grand-père, j'en mourrais de chagrin... si je n'en mourais de honte!...

TIBULLE, *à Gibson.*

Quel courage! c'est un héros! Dire cependant que j'aurais pu être comme ça, si la nature l'avait voulu!...

CLÉOPATRE.

Ah! pepin de pommes à cidre! c'est celui-là qui sera un gaillard!...

LUCIEN, *très-câlin, à M. Didier.*

Grand-père, tu veux bien que je reste?... tu veux bien, n'est-ce pas?

BAS-DE-CUIR.

Laissez l'enfant avec nous, monsieur Didier... je veillerai sur lui...

PAUL LAURIÈRE.

Nous ne le perdrons pas de vue...

MAURICE DIDIER, *à Lucien.*

Reste donc, et surtout sois prudent!

BAS-DE-CUIR.

Maintenant, en marche et du silence!... (*La ronde se met en marche.*)

TIBULLE, *à Gibson.*

Faites donc attention! monsieur Gibson... vous me marchez sur les talons.. On part du pied gauche...

BAS-DE-CUIR.

Chut!

4

TIBULLE, *à Gibson.*

Du pied gauche. (*Ils disparaissent derrière l'habitation.—
Maurice Didier écoute au loin. — Marthe et Cléopâtre restent
muettes et prêtent l'oreille — Grand silence. — Lorsque la
ronde a disparu, on voit Serpent-de-Feu se glisser au milieu
du feuillage et ramper de branche en branche jusqu'au balcon
de l'habitation. — Il l'enjambe, il pousse la fenêtre et entre
dans la chambre; il referme la fenêtre, jette un regard autour
de la chambre, qu'un rayon de lune éclaire en passant à travers les vitres. Puis il se glisse derrière les rideaux du lit.*)

SERPENT-DE-FEU, *dans la chambre.*

Veillez ! moi aussi je veille !...

MAURICE DIDIER.

Que d'inquiétudes !... que d'alarmes !...

MARTHE.

Rassurez-vous, mon père, bientôt nous serons à bord d'un
navire français, et vous retrouverez la vie calme, exempte
d'émotions, que demande votre âge !...

MAURICE DIDIER.

C'est pour toi, chère enfant, c'est pour ton frère, que j'ai
hâte de n'avoir plus à trembler...

CLÉOPATRE.

N'en faudrait pas beaucoup des nuits comme celle-ci pour
attaquer mon petit embonpoint... (*A Marthe.*) Si vous voulez
dormir, mam'zelle, la chambre est prête...

MARTHE.

Merci, ma fille, tout à l'heure... Tu peux te retirer...

CLÉOPATRE.

C'est pas de refus... Je ne dormirai pas, c'est certain...
mais je me fourrerai la tête sous mon traversin... et, comme
ça, je n'entendrai rien... Bonne nuit, monsieur Didier... A
demain, mam'zelle Marthe...

MARTHE.

A demain, ma fille. (*Cléopâtre sort.*)

MAURICE DIDIER.

Voici Bas-de-Cuir qui revient avec le reste de sa troupe...
(*La ronde rentre en scène.*)

LUCIEN, *à Maurice Didier.*

Nous n'avons rien vu, grand-père... pas le moindre petit
sauvage !...

BAS-DE-CUIR, *à Paul Laurière.*

Vous, monsieur Paul Laurière, vous ferez faction près de

la porte d'entrée des palissades... Je vous confie la garde de ce fauconneau... Vous m'avez demandé un poste périlleux... vous êtes servi à souhait!...

PAUL LAURIÈRE.

Merci, et comptez sur moi!...

BAS-DE-CUIR, *à Gibson.*

Vous, monsieur Gibson, vous monterez la garde à la porte des écuries.

GIBSON, *tremblant.*

Oui.

BAS-DE-CUIR.

Vous, Tibulle, à celle de l'habitation...

TIBULLE, *tremblant.*

Oui.

BAS-DE-CUIR.

Toi, Lucien, à l'angle de la maison... près de la fenêtre de la grande salle...

LUCIEN, *joyeusement.*

J'y vais... (*Il sort.*)

BAS-DE-CUIR, *à Tibulle et Gibson.*

Vous avez de la poudre et des balles?...

GIBSON *et* TIBULLE, *tremblants.*

Oui...

BAS-DE-CUIR, *riant.*

Ah ça, mais on dirait que vous tremblez!...

TIBULLE *et* GIBSON.

Nous? par exemple!...

GIBSON, *tremblant.*

Chez moi, c'est un effet de la digestion... Je suis toujours un peu agité après mes repas...

BAS-DE-CUIR.

Et vous, monsieur Tibulle?

TIBULLE, *tremblant.*

Oh! moi, c'est autre chose... c'est la température... Figurez-vous... C'est drôle, n'est-ce pas? Figurez-vous que l'air de la nuit produit en moi des petits soubresauts...

BAS-DE-CUIR, *riant.*

Semblables à ceux de Gibson... Oui... oui... je comprends? N'oubliez pas de répéter le cri des sentinelles...

TIBULLE *et* GIBSON.

Non!

MAURICE DIDIER.

Vous ne craignez pas que ces cris attirent le danger?...

BAS-DE-CUIR,

Ils l'éloigneront plutôt, en apprenant aux Indiens que tous les hommes de l'établissement sont sur pied et font bonne garde!... Qui sait si cela ne suffira pas pour empêcher les Hurons de nous donner l'assaut?...

UNCAS.

Ils auront peur... ils reculeront...

BAS-DE-CUIR.

Uncas et moi, nous tâcherons de nous multiplier pour être partout à la fois... Vous, monsieur Didier, regagnez votre chambre, je vous en prie, et que notre chère Marthe en fasse autant... Qu'elle dorme surtout, j'y tiens....

MARTHE.

Dormir!... Y songez-vous?...

BAS-DE-CUIR.

Eh! oui, mordieu! j'y songe! et il le faut absolument!... Oubliez-vous que demain, au point du jour, vous allez commencer la première étape d'un voyage long et fatigant... Vous aurez besoin de toutes vos forces...

MARTHE.

Nous aurions voulu rester avec vous...

PAUL LAURIÈRE.

Nous n'y consentirons pas, mademoiselle...

BAS-DE-CUIR, souriant.

Chère enfant, votre grand-père m'a nommé général en chef, et tout le monde ici me doit obéissance... J'use de mes droits en vous demandant de vous retirer...

MAURICE DIDIER.

Vous le voulez!...

PAUL LAURIÈRE.

Nous vous en prions!...

MARTHE.

Alors, bonsoir donc, mes amis, que votre volonté soit faite!...

BAS-DE-CUIR.

Nous veillons!... Dormez sans crainte. (*Marthe lui tend son front.*)

MARTHE, *à Paul Laurière.*

Vous commencez votre vie nouvelle en nous protégeant... Je ne l'oublierai pas, monsieur...

PAUL LAURIÈRE.

Je fais mon apprentissage, mademoiselle, et c'est avec
bonheur !...

MAURICE DIDIER.

Veillez bien aussi sur Lucien.

BAS-DE-CUIR.

Soyez sans crainte, vous dis-je ! (*Maurice Didier et Marthe
sortent par la gauche.*)

BAS-DE-CUIR.

Uncas et moi, nous allons faire une visite aux étables.
Monsieur Laurière, à votre poste ! Ah ! n'oublions rien !...
En cas d'attaque, résistons jusqu'au dernier moment ; mais
si les Indiens étaient trop nombreux pour nos forces, les
moyens de fuite sont sûrs... (*Il lève une trappe placée au
milieu de la pièce du rez-de-chaussée.*) Par cette trappe, nous
échapperions au massacre. Ce souterrain conduit dans la forêt. Surtout, messieurs, n'oubliez pas de répéter le cri des
sentinelles !

TIBULLE *et* GIBSON.

Non ! (*Bas-de-Cuir et Uncas sortent par la gauche. Paul
Laurière va s'asseoir rêveur sur l'affût du fauconneau.*)

SCÈNE IV

PAUL LAURIÈRE, TIBULLE, GIBSON, SERPENT-DE-FEU,
caché, puis MARTHE.

TIBULLE, *regardant sa montre.*

Onze heures vingt... Cette nuit n'en finira pas... On
dirait qu'on en a mis une douzaine les unes au bout des
autres tout exprès !... (*Il se promène la carabine sur l'é-
paule.*)

GIBSON, *regardant sa montre.*

Onze heures vingt-cinq... pas possible !... ma montre est
arrêtée... (*Il l'approche de son oreille.*) Non !... elle marche !... Oh ! jamais, dans aucun pays, je n'ai vu de nuits si
longues !...

TIBULLE, *chantant en se promenant.*

Le guet embrassait Babet
Ça n'est pas sa faute...

GIBSON.

Chut !...

TIBULLE, *faisant un saut.*

Hein !...

4.

GIBSON.

N'allez-vous pas chanter maintenant ?...

TIBULLE.

Moi... non... je ne chante pas...

GIBSON.

Qu'est-ce que vous faites donc?

TIBULLE.

C'est nerveux... (*Ils s'asseoient, Gibson à droite, Tibulle à gauche.*)

GIBSON, *après un temps, à mi-voix.*

Tibulle, Tibulle !

TIBULLE.

Hein !

GIBSON.

Quelle heure avez-vous?

TIBULLE, *regardant sa montre.*

Onze heures trente-cinq.

GIBSON, *regardant la sienne.*

Onze heure quarante.

TIBULLE, *se levant et regardant le ciel.*

Tiens, on dirait que le jour se lève...

GIBSON.

Êtes-vous bête... c'est la lune !...

TIBULLE, *jetant un cri en voyant son ombre se projeter sur le théâtre.*

Ah! ah! c'est vrai !... c'est mon ombre! c'est moi; c'est la lune! (*Ils se promènent de long en large, puis viennent s'asseoir à l'avant-scène, sur des bancs, — Gibson à droite, Tibulle à gauche. — A ce moment, Marthe entre dans la chambre du premier étage, une lumière à la main. — Elle la place sur la table.*)

MARTHE, *pensive.*

S'il revenait en France avec nous... Oh! oui... il me semble qu'il me serait facile de lui faire aimer de nouveau la vie... (*Elle s'agenouille et prie. Paul Laurière, dont les yeux se sont levés vers la fenêtre, tressaille.*)

PAUL LAURIÈRE, *à lui-même.*

La pensée de cette jeune fille ne me quitte plus !!!

TIBULLE, *se levant.*

J'ai cru entendre quelque chose !...

GIBSON, *tressaillant.*

Moi aussi !... (*Ils écoutent.*)

TIBULLE.

Imbécile!... c'est ma montre qui fait *toc toc* dans mon gousset...

GIBSON, *regardant sa montre.*

Ah! et le jour ne vient pas!...

SCÈNE V

LES MÊMES, BAS-DE-CUIR, UNCAS.

BAS-DE-CUIR, *à Paul Laurière.*

Rien de nouveau?...

PAUL LAURIÈRE.

Rien!... (*Ils causent bas.*)

TIBULLE, *à Uncas, en se levant.*

Nous n'avons rien à craindre, n'est-ce pas, bon Indien?

UNCAS.

Le grand Esprit seul le sait!

TIBULLE, *tremblant et se rasseyant.*

Merci!... si c'est comme ça qu'il me rassure...

GIBSON, *à part.*

Il ferait bien de nous dire ce qu'il sait, le grand Esprit!!!... au moins on saurait à quoi s'en tenir...

BAS-DE-CUIR, *revenant près d'Uncas.*

Ah! j'oubliais Bull. (*Il ouvre la porte de l'écurie, Gibson fait un mouvement.*) Ne craignez rien... C'est Bull... laissez la porte ouverte. En cas d'attaque, au moins, qu'il soit libre!... Maintenant, attendons. (*Il entre dans la salle du rez-de-chaussée avec Uncas, il tombe sur un siège et met sa tête dans ses mains.*)

MARTHE, *se levant, et s'approchant de son lit.*

A tout hasard je veux être prête... Je me jetterai sur mon lit seulement, et, si le sommeil vient, qu'il soit le bienvenu. (*Elle se met sur son lit tout habillée.*)

UNCAS, *à Bas-de-Cuir.*

A quoi penses-tu, frère?

BAS-DE-CUIR.

A rien...

UNCAS.

A elle. — J'en suis sûr!...

BAS-DE-CUIR.

Eh bien, oui... à elle!...

UNCAS.

Tu l'aimes?

BAS-DE-CUIR.

Le sais-je?... puis-je définir ce qui se passe en moi?...
Puis-je croire que Bas-de-Cuir, le Français devenu presque
sauvage, l'homme dont le cœur est resté fermé à toutes les
tendres émotions, dont l'âme n'a jamais tressailli sous une
pensée d'amour, s'anime et vive aujourd'hui tout à coup,
pour la première fois !!!...

UNCAS.

L'amour vit dans les profondeurs de l'âme, comme la
perle dans les profondeurs de l'Océan!... Un jour la perle
est arrachée aux vagues de la mer par le plongeur infati-
gable. — L'amour, cette perle de l'âme, sort de l'abîme
humain arrachée par un sourire de femme!!!...

BAS-DE-CUIR.

Oui.... oui... Tu as raison, Uncas!... Tu as raison, j'ai
peur d'aimer!!!...

MARTHE, *rêvant.*

Paul!... Paul!... En France !... Vous nous y suivrez...

UNE VOIX *au loin.*

Sentinelles, veillez!

UNE VOIX *plus rapprochée.*

Sentinelles, veillez!...

UNE VOIX. (*Les voix se rapprochent.*)

Sentinelles, veillez!

PAUL LAURIÈRE.

Sentinelles, veillez!...

TIBULLE.

Brrr!... ça me fait froid dans le dos!...

GIBSON, *à Tibulle.*

Cri... cri... cri... criez donc, vous!...

TIBULLE.

Cri... cri... cri... criez vous-même!...

GIBSON, *tremblant.*

Sen... sen... Je... je... je ne peux pas!...

TIBULLE, *de même.*

Sen... sen... Ni... ni... ni moi non plus!...

BAS-DE-CUIR, *à la fenêtre.*

Les poltrons!... (*D'une voix éclatante.*) Sentinelles, veil-
lez!... (*Tibulle et Gibson font un saut, et en voyant Bas-de-
Cuir, ils se rasseyent. Les voix répondent et se perdent au loin.
Grand silence. Bas-de-Cuir se rassied. Serpent-de-Feu, caché*

derrière les rideaux de l'alcôve, avance la tête, écoute, puis se détache de l'ombre où il se trouve et s'approche de Marthe.)

SERPENT-DE-FEU.

Elle dort... Dans un instant, ce sommeil passager deviendra semblable au sommeil de la tombe! (*Il prend la fleur qu'il a dérobée au premier acte et la fait respirer à Marthe.*)

TIBULLE.

Décidément, j'aimerais mieux jouer un air de flageolet au coin d'un bon feu! (*Serpent-de-Feu écoute la respiration de Marthe. Il lui touche la main. La jeune fille reste immobile.*)

SERPENT-DE-FEU.

Je suis son maître!... (*Il ferme les verrous intérieurs de la porte, va à la fenêtre, l'ouvre, regarde au dehors et pousse le cri du hibou. Les sentinelles tressaillent. Bas-de-Cuir et Uncas se lèvent vivement.*)

TIBULLE.

Maudit oiseau!...

GIBSON.

Il m'agace!... (*Silence. Serpent-de-Feu fait entendre un second cri.*)

BAS-DE-CUIR.

Encore!...(*Tibulle et Gibson restent immobiles. Des cris répondent au dehors à celui de Serpent-de-Feu. Bas-de-Cuir prend sa carabine. Uncas l'imite, et tous deux, attentifs, se placent près de la fenêtre. Paul Laurière a pris en main une mèche placée sur l'affût du fauconneau. Musique sourde à l'orchestre. Après un grand silence, on voit apparaître sur le haut des palissades plusieurs têtes d'Indiens.*)

PAUL.

Les Indiens! nous sommes attaqués... Alerte!... alerte!...

TIBULLE, *mourant de frayeur et reculant.*

Les Indiens!... les Indiens!...

GIBSON.

Nous sommes perdus! (*Tout en reculant tous les deux, ils se sont accroupis et cachés sous un banc. Décharge de mousqueterie. Cris des Indiens; ils ripostent. Des coups de feu se font entendre derrière l'habitation. Combat.*)

TIBULLE, *sous le banc.*

Il me semble que le courage va me revenir!.. (*Des Indiens reparaissent. On fait feu de part et d'autre.*)

BAS-DE-CUIR.

Oh! nous viendrons à bout de ces mécréants!... Visez aux têtes, et surtout tirez juste!... (*A ce moment, des flèches incendiaires partent du dehors et viennent s'abattre sur la mai-*

son. On a vu, pendant le combat, Serpent-de-Feu prendre une
corde à sa ceinture, se glisser près de la fenêtre, et attacher
l'extrémité de la corde à l'appui du balcon.)

UNCAS.

Des flèches incendiaires !...

BAS-DE-CUIR.

Ah ! bandits !... malheur à vous !... (Il fait feu. Gibson et
Tibulle, toujours accroupis sous le banc, tirent aussi. Le feu,
mis du dehors aux palissades qui protégent l'habitation, commence à jeter des lueurs sinistres. Le toit de la maison est en
flammes.)

PAUL LAURIÈRE.

Le feu !... le feu est à l'habitation !... Marthe ! Marthe !
fuyez !...

TIBULLE et GIBSON.

Le feu !... Miséricorde !...

BAS-DE-CUIR.

Vite ! vite ! au premier étage !... sauvons-la !... (Il s'élance
à gauche, suivi d'Uncas et de Paul Laurière.)

TIBULLE, à Gibson.

Ah !... la trappe ! la trappe ! le souterrain !... Décampons,
ou nous sommes perdus !...

GIBSON.

Oh ! mes herbiers... mes chers herbiers !...

TIBULLE, le poussant.

Allez, Gibson, allez donc !... (Ils rampent en tremblant
vers la trappe. Ils la soulèvent et disparaissent. Serpent de
Feu a lancé sa corde au dehors ; il fait signe aux Indiens, qui
cessent de tirer. Il a attaché ensemble les mains de la jeune
fille, il les passe autour de son cou, la soulève, l'emporte, enjambe le balcon et se laisse glisser avec son fardeau jusque
dans la cour.)

BAS-DE-CUIR, au premier étage, au dehors.

La porte est fermée !... (Frappant.) Ouvrez, Marthe ! ouvrez, c'est nous !...

PAUL LAURIÈRE.

Ouvrez, au nom du ciel !... (La porte, ébranlée sous leurs
coups, cède enfin ; ils s'élancent dans la chambre.)

BAS-DE-CUIR.

Vide ! la chambre est vide ! (Il bondit vers la fenêtre.)

PAUL LAURIÈRE.

Enlevée !...

BAS-DE-CUIR, *apercevant à la lueur de l'incendie Serpent-de-Feu qui tire les barres de la porte des palissades.*

Oh!... Serpent-de-Feu! Serpent-de-Feu!... Et je ne peux pas tirer... je la tuerais!...

SERPENT-DE-FEU, *s'élançant au dehors.*

Elle sera reine de la tribu!... (*Il disparaît. Les Indiens font feu sur les assiégés. Les palissades s'embrasent.*)

UNCAS.

Oh!... je saurai du moins où ils vont la conduire!... (*Il s'élance du balcon dans la cour, et, au milieu des flammes, il franchit la porte des palissades.*)

BAS-DE-CUIR, *à Paul Laurière.*

Vous, au vieillard; moi, à l'enfant!... Allez! allez!... la maison est en feu!... sauvez M. Didier!... (*Ils sortent. A ce moment, un groupe d'Indiens, venant du fond, traîne une femme échevelée, à demi nue, presque évanouie. C'est Cléopâtre.*)

TOUS.

A mort!... à mort!...

TÊTE-DE-CERF.

Je veux la femme blanche!... Elle est à moi!...

LA GRENOUILLE-QUI-CHANTE.

A la tribu!... (*Ils sortent avec Cléopâtre, qu'ils emportent. — Deux Indiens se glissent dans l'écurie. — Nouveaux coups de feu. — Bas-de-Cuir paraît; il court au fauconneau et en saisit la mèche.* —

BAS-DE-CUIR.

Ah! brigands!... je vous forcerai bien à reculer!...

LUCIEN, *entrant.*

Bas-de-Cuir!... Bas-de-Cuir!... me voici!... Je me suis battu comme un homme!...

BAS-DE-CUIR.

Sauve-toi, mon enfant; gagne le souterrain!... Je protége ta retraite!...

LUCIEN.

Je ne veux pas te quitter!... (*Cris des Indiens. — L'incendie augmente.*)

BAS-DE-CUIR, *à Paul Laurière, qui entre pâle, les vêtements en désordre.*

Sauvez-le malgré lui!... Au souterrain!... Au souterrain!...

PAUL LAURIÈRE.

Allons!... allons!... (*Paul entraîne Lucien dans l'habita-*

tion ; il soulève la trappe et disparaît avec l'enfant. — Un coin des palissades s'écroule avec fracas, miné par l'incendie et par la brèche. — On aperçoit des Indiens vociférant.)

LES INDIENS.

Les chevelures !... les chevelures !...

BAS-DE-CUIR.

Ah ! démons !...(*Plusieurs coups de feu partent.—Bas-de-Cuir chancelle.*) Ah ! blessé !... Je ne veux pas mourir sans la revoir, cependant !... Non !... non !... je ne veux pas mourir !... (*Il se traîne vers le fauconneau, approche la mèche de la lumière. Une explosion formidable se fait entendre. La palissade embrasée s'écroule et laisse voir un groupe d'Indiens vociférant.*)

LES INDIENS, *au dehors.*

A mort !... à mort !...

BAS-DE-CUIR, *appelant.*

Bull !...Bull !...à moi !...Défends-nous !...défends-nous !... (*Bas-de-Cuir se traîne vers la maison ; il y entre et soulève la trappe. — Le cheval sort de l'écurie, poursuivant deux Indiens. — Bas-de-Cuir se laisse glisser dans l'ouverture. — La trappe retombe sur lui. — Bull franchit au galop la brèche en feu.— L'incendie dévore l'habitation.—De la gauche, entre un groupe d'Indiens traînant un vieillard : c'est Maurice Didier.*)

MAURICE DIDIER.

Ma fille !... ma fille !... Mes enfants !... (*Il s'évanouit. — Le rideau baisse sur les Indiens hurlant de joie.*)

FIN DU DEUXIÈME ACTE.

ACTE TROISIÈME

QUATRIÈME TABLEAU

Une vaste clairière occupée par le campement de la tribu des Hurons.
— A droite et à gauche, huttes indiennes construites avec des troncs
d'arbres et de la terre glaise. Les toits, en forme de parasols, sont re-
couverts de plantes grimpantes aux larges feuilles. Au fond, des rochers praticables. Des arbres séculaires encadrent le décor, inondé de
lumière et de soleil.

—

SCÈNE PREMIÈRE

MAURICE DIDIER, MARTHE, CLÉOPATRE, RAYON-DU-
SOIR, Indiens. (*Au lever du rideau, Maurice et Marthe
sont assis à la porte d'une hutte. — Cléopâtre, habillée en
Indienne, et Rayon-du-Soir, sont auprès d'eux.—Au fond,
des Indiens font sentinelle et observent.*

MAURICE DIDIER.

Marthe ! Marthe ! chère enfant ! est-ce donc à moi de te
rendre le courage ?... Est-ce à moi de te dire : Espère !...
Dieu nous a pris en pitié, tu le vois bien, en nous sauvant
de la mort... Il ne nous abandonnera pas ?...

MARTHE.

Deux jours déjà... deux jours sans nouvelles !... Qu'est
devenu Lucien ?...

RAYON-DU-SOIR.

Espérez !... Bas-de-Cuir veillait !... Bas-de-Cuir aura
sauvé l'enfant.

MAURICE DIDIER.

Que le ciel vous entende !...

MARTHE.

Eh ! qui vous dit que Bas-de-Cuir est vivant encore ?...
Paul Laurière, Uncas, tous nos amis, n'ont-ils pas été frap-
pés en même temps ?...

CLÉOPATRE, *en Indienne.*

Allons !... allons, mam'zelle ! ne vous tourmentez point
comme ça !... Je vous demande un peu à quoi que ça sert

5

de se faire du mal?... Nom d'une crevette!... faut se faire une raison!... Soyez calme...

RAYON-DU-SOIR.

Les visages pâles sont des hommes!... Ils tenteront peut-être la délivrance des prisonniers...

MARTHE.

Que pourraient nos amis contre l'amour insensé de Serpent-de-Feu?...

RAYON-DU-SOIR, *sombre.*

Si le chef persiste dans sa volonté, la haine de Rayon-du-Soir fera ce que les guerriers blancs ne pourraient faire...

MARTHE, *à Rayon-du-Soir.*

Tu me défendras, n'est-ce pas?...

RAYON-DU-SOIR.

Jusqu'à la mort!

CLÉOPATRE.

Elle le fera comme elle dit, et tout ira bien!... Mille barils! faut pas se faire de bile!... Le chef voudra peut-être que vous vous habilliez en Indienne, à l'instar de moi-même... Passez-lui cette fantaisie... on n'en est pas plus mal pour ça... et le costume est même avantageux... Regardez plutôt... J'trouve que ça m'va!!!.. Les sauvages, voyez-vous, faut savoir les prendre... Ces pain-d'épice-là ne sont pas si diables qu'ils le paraissent... Moi qui vous parle, ils m'ont déjà en adoration...

MARTHE.

Toi!... et pourquoi?...

CLÉOPATRE.

Parce que je leur ai fait un *mironton*... aux petits oignons... dont ils se sont léché les doigts jusqu'aux coudes... Il y a même un chef, un vilain magot qui s'appelle Tête-de-Cerf, et qui me recherche pour le bon motif... Je lui accommoderai un de ces jours une petite soupe aux choux, avec un bon morceau de graisse d'ours, et j'en ferai tout ce que je voudrai... vous verrez... (*Marthe sourit.*) Ah! mam'zelle, je vous ai vue rire... à la bonne heure! Je vous dis que tout ira bien, nom d'une rainette!!!

MAURICE DIDIER, *à Marthe.*

Elle a raison, chère enfant!.. Séchons des larmes inutiles... Tenons tête à l'orage, et confions-nous en Dieu. (*Violentes clameurs au dehors.*)

MARTHE.

Qu'est-ce donc?

CLÉOPATRE.

Lés Indiens qui reviennent à la tribu !

MARTHE.

J'ai peur !

RAYON-DU-SOIR, *à Marthe.*

Rentrez dans le wigwam... ils n'en franchiront pas le seuil.

MAURICE DIDIER.

Viens, mon enfant, viens ! (*Maurice Didier entre dans la hutte avec Marthe. Rayon-du-Soir les suit. Les cris redoublent.*) voix *aux dehors.*

A mort ! A mort !

CLÉOPATRE.

Pauvre mam'zelle Marthe, ah ! si j'avais su, quand ce gueux de Mathori était éclaireur chez nous... C'est moi qui lui aurais mis du persil dans ses ragoûts à ce vilain perroquet-là ! (*Pendant la fin de la scène, Tête-de-Cerf a paru au fond.*)

SCÈNE II

CLÉOPATRE, TÊTE-DE-CERF.

TÊTE-DE-CERF.

La voilà ! (*S'approchant de Cléopâtre et lui pinçant la taille.*) Hou !

CLÉOPATRE, *faisant un saut.*

Ah !

TÊTE-DE-CERF, *riant.*

Hi ! hi ! hi !

CLÉOPATRE.

Le vieux magot qui me cherche pour le bon motif !...

TÊTE-DE-CERF, *riant toujours.*

Hi! hi! hi!.

CLÉOPATRE, *le contrefaisant.*

Hi ! hi ! hi ! C'est un singe ! Ah ça, quand il aura fini de me montrer ses trente-deux dents, cet Iroquois-là !

TÊTE-DE-CERF.

Fleur du sentier... petit bouton d'or... miel de là ruche aux abeilles, Tête-de-Cerf est ton esclave ! (*Il veut lui prendre la taille.*)

CLÉOPATRE, *lui tapant sur les doigts.*

Touchons pas, hein ! Je vous ferai encore du mironton... mais laissez-moi tranquille.

TÊTE-DE-CERF.

La tourterelle appétissante viendra dans le wigwam de Tête-de-Cerf, elle lui mijotera...

CLÉOPATRE.

Un bon morceau de culotte d'ours à l'oseille sauvage...
c'est convenu.

TÊTE-DE-CERF.

La gazelle aux yeux brillants sera la femme de Tête-de-
Cerf...

CLÉOPATRE.

Ah! tu veux que je sois ta femme, toi! Eh bien, je la
serai, mais je te promets bien que l'on ne t'appellera pas
Tête-de-Cerf pour des prunes! Suffit, suffit, je vengerai Tibulle.

SCÈNE III

**LES MÊMES, TIBULLE, *puis* LA-GRENOUILLE-QUI-CHANTE,
LES INDIENS.**

TIBULLE, *entrant en scène, tout essoufflé, comme un homme
poursuivi, et regardant derrière lui.*

Ils ont perdu ma trace! (*Apercevant Tête-de-Cerf.*) Oh!
des Indiens! (*Il se cache derrière un arbre.*)

TÊTE-DE-CERF, *à Cléopâtre.*

Le guerrier a donné son cœur à la rose de la cuisine
blanche... Il faudra bien qu'elle soit à lui. (*Il veut l'embrasser.*)

CLÉOPATRE.

Ah! finis, mine de plomb, ou je me fâche.

TIBULLE, *stupéfait.*

Cléopâtre!

TÊTE-DE-CERF.

Le Manitou a parlé, et dans une heure les chefs uniront
Tête-de-Cerf à Rose-de-Cuisine.

TIBULLE, *s'avançant vivement.*

Ils n'uniront rien du tout! Cléopâtre est à moi!

CLÉOPATRE, *poussant un cri.*

Tibulle!

TÊTE-DE-CERF.

Le visage pâle que poursuivaient les guerriers de la
tribu! Sa chevelure est promise à nos tomahawks!

CLÉOPATRE, *éplorée.*

Et le malheureux ne porte pas perruque!

TIBULLE, *à lui-même.*

Je crois bien que je me suis fourré dans un guêpier...

TÊTE-DE-CERF, *poussant un cri.*

A moi, les guerriers! (*Il remonte au fond. Des Indiens viennent le rejoindre.*)

CLÉOPATRE.

Vous êtes perdu!

TIBULLE, *tremblant.*

Vous croyez?

CLÉOPATRE, *à Tibulle.*

D'où venez-vous? Avez-vous des nouvelles de Lucien, de Bas-de-Cuir, de tous les autres?

TIBULLE.

Non; depuis deux jours, Gibson et moi, nous errons dans le forêt, et c'est là que ces chers amis m'ont rencontré. Une douzaine d'Indiens est aux trousses de Gibson en ce moment.

CLÉOPATRE.

Oh! pauvre Gibson! (*Les Indiens en grand nombre se précipitent en scène.*)

LA GRENOUILLE-QUI-CHANTE.

Tête-de-Cerf a poussé le cri de guerre.

TÊTE-DE-CERF, *désignant Tibulle.*

Oui! le visage pâle fuyait devant les Hurons. Le Manitou l'a frappé d'aveuglement et l'a ramené sous le tomahawk... Il faut qu'il meure! (*Les Indiens entourent Tibulle en grinçant des dents.*)

TIBULLE.

Cléopâtre! Cléopâtre! défends-moi!...

CLÉOPATRE, *aux Indiens.*

Arrêtez!

TOUS.

A mort! à mort! (*Ils s'élancent sur Tibulle, qui cherche à fuir, mais qui se trouve cerné par un groupe qui l'entoure en grinçant des dents.*)

TIBULLE.

Miséricorde!... grincez des dents, mais ne mordez pas!

TOUS.

A mort! à mort!

TÊTE-DE-CERF.

Et qu'on le livre aux femmes de la tribu! (*Des Indiens sortent.*)

TIBULLE.

Ah! les gueux! Cléopâtre! jure-moi du moins d'être fidèle à ma mémoire!

CLÉOPATRE.

Je ferai ce que je pourrai. (*Les Indiens grincent des dents autour de Tibulle.*)

TIBULLE.

Ont-ils des molaires, ces gaillards-là! ça doit vous moudre comme du café!... (*Les Indiens qui sont sortis reviennent avec les femmes de la tribu, qui se précipitent en hurlant et en grinçant des dents.*) Des femmes! plus d'espoir! je suis fricassé!...

TÊTE-DE-CERF.

Si le visage pâle est un guerrier, qu'il fasse entendre son chant de mort!

TIBULLE.

Mon chant de mort! allons, il s'agit de montrer qu'on a du cœur! Oh! Cléopâtre, oh! mes amours, adieu! (*Tirant son flageolet de sa poche.*) Adieu aussi, mon petit flageolet!... fais entendre le chant du cygne!... (*Il prélude sur son flageolet.*)

LES INDIENS, *reculant stupéfaits.*

Ah!

CLÉOPATRE.

Ah !

TIBULLE.

On dirait que ça leur fait de l'effet! (*Il se met à jouer une fricassée très-vive. Les Indiens, surpris et charmés, écoutent avec attention et ravissement, puis, entraînés par l'air, ils se balancent doucement d'abord, et finissent par danser avec frénésie. Tibulle s'interrompt. Les Indiens ne s'arrêtent pas, mais leurs mouvements se ralentissent peu à peu.*)

TIBULLE, *avec triomphe.*

Amphion faisait danser les pierres! Je fais danser les Hurons! je suis un demi-dieu!

TÊTE-DE-CERF.

Grand chef! grand chef!

LES INDIENS, *hurlant de joie.*

Ah! ah! ah! grand chef!

TIBULLE, *stupéfait.*

Qu'est-ce qu'ils ont?

CLÉOPATRE.

Il est sauvé!

TÊTE-DE-CERF, *s'inclinant devant Tibulle.*

Le Manitou nous a envoyé l'homme blanc aux cheveux rouges... le grand chef des oiseaux chanteurs! Que l'homme blanc pardonne aux guerriers!

TIBULLE, *avec exaltation.*

Ils sont connaisseurs!... môn flageolet les a charmés.

TOUS, *s'inclinant devant Tibulle.*

Pardonne! pardonne!

TIBULLE.

De bien bon cœur!

TÊTE-DE-CERF.

Que le grand chef soit libre! On lui fera revêtir le costume de guerre.

TIBULLE.

En sauvage!... Ah! mon flageolet, tu m'en fais voir de cruelles!

TOUS, *dansant autour de lui.*

Manitou! Manitou!

SCÈNE IV

LES MÊMES, SERPENT-DE-FEU, LA PANTHÈRE-NOIRE.

SERPENT-DE-FEU, *entrant.*

Pourquoi ces cris de joie?

TIBULLE, CLÉOPATRE.

Mathori!

SERPENT-DE-FEU, *l'apercevant.*

Tibulle!

TIBULLE.

Hélas!

LA GRENOUILLE-QUI-CHANTE.

Grand musicien!

SERPENT-DE-FEU.

Qu'il soit libre et qu'il reste parmi nous!

TIBULLE, *à part.*

Aïe! aïe!

SERPENT-DE-FEU, *à Tibulle.*

Le visage pâle est-il sorti seul vivant des ruines fumantes de l'habitation?

CLÉOPATRE, *bas à Tibulle.*

Ne dites rien!

TIBULLE.

Je ne sais pas, bon Indien!...

SERPENT-DE-FEU.

Où sont Bas-de-Cuir, Uncas, l'enfant et le voyageur?

TIBULLE.

Je l'ignore de point en point, grand Serpent.

SERPENT-DE-FEU.

Je le saurai, moi, et dussé-je incendier les forêts pour les retrouver... je les retrouverai...

TIBULLE, *à part.*

Décidément, je suis sauvé!...

SERPENT-DE-FEU, *à la Panthère-Noire.*

Le Grand-Chef veut interroger le conseil des vieillards: qu'il se réunisse à l'instant même en ce lieu : allez lui porter mes ordres, et que la tribu l'accompagne...

LA PANTHÈRE-NOIRE.

Le chef sera obéi. (*Il sort.*)

LES INDIENS, *entraînant Tibulle.*

Manitou! Manitou!... (*Ils sortent.*)

CLÉOPATRE.

En voilà des Ostrogoths!... Ah! sapristi, j'ai ri de bon cœur!... (*Elle sort avec Tête-de-Cerf.*)

SCÈNE V

SERPENT-DE-FEU, INDIENS.

SERPENT-DE-FEU, *regardant la hutte où se trouve Marthe.*

Allons... de gré ou de force, la fille des visages pâles deviendra la reine de la tribu... Mon amour ne veut plus attendre... je triompherai de ses dédains, je briserai sa résistance ! Son sort ne dépend désormais que de la décision des vieillards!... Interrogés par moi, ils répondront... ou, pour mieux dire, ils obéiront. (*Musique bizarre au dehors.*) Les voici!... (*Aux Indiens qui l'accompagnent.*) Qu'on apporte le pavois du chef!... Allez!... (*Les Indiens apportent un pavois fait de plumes aux couleurs éclatantes et dominant un siége élevé.*)

SCÈNE VI

SERPENT-DE-FEU, TÊTE-DE-CERF, LA PANTHÈRE-NOIRE, LA GRENOUILLE-QUI-CHANTE, LA PLUIE-QUI-TOMBE, TIBULLE, CLÉOPATRE, VIEILLARDS, INDIENS, FEMMES, ENFANTS.

La musique bizarre continue. — Un cortége s'avance. — Un groupe de guerriers indiens, leurs armes à la main, défile d'abord devant Serpent-de-Feu, qui a pris place sur son siège.— Vient ensuite un autre groupe à la tête duquel se trouve Tibulle jouant du flageolet. Les musiciens indiens ont des instruments de formes étranges. — Viennent ensuite les vieillards escortant une sorte de litière sur laquelle est couché un vieillard à longue barbe blanche. — Les idoles suivent, entourées des prêtres et des chefs; — puis les femmes, les enfants, et un dernier groupe de guerriers. — La litière du vieillard est placée près de Serpent-de-Feu, qui s'incline devant lui. — Le cortége défile et prend place à droite, à gauche et sur les hauteurs.)

TIBULLE, *aux musiciens.*

Ut... ré... mi!... Ut... ré!... Ut... ré!... C'est un *ré*, misérables !... Oh !!! Et ces infirmes osent appeler cela de la musique ! (*Le cortége a pris place.*)

SERPENT-DE-FEU, *debout.*

Le Chef a rassemblé le conseil des vieillards; il veut interroger ces dépositaires de la sagesse du grand Esprit.

LA PLUIE-QUI-TOMBE.

Parle !!!

SERPENT-DE-FEU.

Grâce à moi, les Européens ont été vaincus... Nous avons rapporté leurs dépouilles aux wigwams de la tribu... L'une des filles pâles m'appartient; jusqu'où vont mes droits sur elle ?...

LA PLUIE-QUI-TOMBE.

Jusqu'à la mort...

SERPENT-DE-FEU.

Je ne veux pas qu'elle meure ! Son regard a brûlé mon cœur... je l'aime.

LA PLUIE-QUI-TOMBE.

Le chef veut-il la prendre pour compagne ?

SERPENT-DE-FEU.

Oui... je le veux...

LA PLUIE-QUI-TOMBE.

Qu'il soit fait selon la volonté du chef !... Amenez la jeune fille !

SERPENT-DE-FEU.

J'irai la chercher moi-même... (*Il s'avance vers la hutte où se trouve Marthe.*)

RAYON-DU-SOIR, *se dressant sur le seuil.*

Tu ne passeras pas !

SCÈNE VII

LES MÊMES, RAYON-DU-SOIR.

TOUS.

Rayon-du-Soir !!!

5.

SERPENT-DE-FEU.

Arrière!

RAYON-DU-SOIR.

Tu ne passeras pas!

SEPENT-DE-FEU, *menaçant*.

Prends garde! la colère fait sortir le couteau de la ceinture!...

RAYON-DU-SOIR.

Tu ne passeras pas!

SERPENT-DE-FEU.

Esclave, obéis!

RAYON-DU-SOIR.

Je suis esclave du chef, mais je suis reine de la tribu, et moi aussi j'ai le droit de parler au conseil.

LA PLUIE-QUI-TOMBE.

Qu'elle approche... Les Hurons blanchis par les ans n'ont jamais refusé justice!

RAYON-DU-SOIR, *avec force*.

Je suis la femme du chef! Aucune loi ne lui permet de renier celle dont il a fait la reine de la tribu!...

SERPENT-DE-FEU.

Je suis Serpent-de-Feu, je suis le chef et le maître!...

RAYON-DU-SOIR.

Taisez-vous! J'en appelle au grand Esprit, votre maître à tous.

LA PLUIE-QUI-TOMBE.

Si le chef est assez riche pour ouvrir son wigwam à plusieurs femmes, il a le droit de prendre plusieurs femmes!

RAYON-DU-SOIR.

Oui, si le chef choisit des femmes de sa tribu ou des tribus alliées; mais s'il veut introduire dans son wigwam une étrangère, une fille des visages pâles, que dit la loi?

LA PLUIE-QUI-TOMBE.

La loi reste muette... Le chef est libre!

RAYON-DU-SOIR, *avec désespoir*.

Ah! je suis vaincue! (*A Serpent-de-Feu, qui s'approche du wigwam.*) Serpent-de-Feu, j'ai menacé... mais maintenant je supplie!...

SERPENT-DE-FEU.

Le chef ne répudie point Rayon-du-Soir!... La tribu aura deux reines.

RAYON-DU-SOIR, *avec un cri déchirant*.

Ah! Dieu de mes pères, fais entrer la haine en mon cœur!

SERPENT-DE-FEU, *aux vieillards.*

Suis-je le maître ?

LA PLUIE-QUI-TOMBE.

Oui...

SERPENT-DE-FEU.

Qu'on aille chercher la captive !

SCÈNE VIII

Les Mêmes, MARTHE, *puis* MAURICE DIDIER.

MARTHE, *paraissant.*

Me voici !

RAYON-DU-SOIR.

Et ne rien pouvoir !

SERPENT-DE-FEU.

La prisonnière est devant ses juges...

MARTHE.

Je suis devant mes bourreaux. (*Murmures.*) J'ai tout entendu, race de païens, mais je vous défie !

LA PLUIE-QUI-TOMBE.

La jeune fille sera là femme d'un grand chef.

MARTHE.

Jamais !

LA PLUIE-QUI-TOMBE.

Sa race n'aura pas de fin !

MARTHE.

Qu'elle s'éteigne plutôt mille fois !... Quand donc a-t-on vu les victimes s'allier aux meurtriers ? Vous êtes des assassins et des lâches !... Avez-vous eu pitié d'une famille qui vous aimait ?... Vous avez incendié sa demeure et massacré les siens !... (*Montrant Rayon-du-Soir.*) Avez-vous eu pitié de cette femme ?... Non ! Vous torturez son âme et vous brisez son cœur !... Vous êtes plus cruels et plus lâches que les bêtes fauves qui peuplent vos forêts !... Je vous méprise !...

SERPENT-DE-FEU, *avec rage.*

La captive ne sait pas que c'est mon amour qu'elle défie !... L'amour devient implacable quand il se change en haine sous les mépris et sous les injures !... Il inventera pour elle des supplices sans noms !

MARTHE.

Je ne vous crains pas !

SERPENT-DE-FEU.

Tu me suivras dans mon wigwam.

MARTHE.

Je vous brave!

SERPENT-DE-FEU.

Tu seras à moi! je te dis que tu seras à moi!

MARTHE.

Au bûcher!... à la tombe!... mais à ta race maudite, jamais! jamais!

SERPENT-DE-FEU.

Ah! je te forcerai bien!

MARTHE.

Essayez!

SERPENT-DE-FEU.

Qu'on amène son père!... (*Des Indiens entrent dans la hutte.*)

MARTHE, *poussant un cri.*

Mon Dieu!

SERPENT-DE-FEU.

Tu ne me braves plus! Tu ne me défies plus maintenant?

MARTHE.

Mon père! mon père!

RAYON-DU-SOIR, *à Marthe.*

Du courage!

MARTHE.

Du courage... quand ils vont tuer mon père... là... sous mes yeux.

SERPENT-DE-FEU.

Sois à moi!... tu le sauves!...

MARTHE.

Mon Dieu! Seigneur, mon Dieu!.. Je me croyais forte!... Je ne pensais pas à ce supplice!

RAYON-DU-SOIR, *à elle-même.*

Dieu des visages pâles, seras-tu sans pitié?... (*Les Indiens rentrent traînant Maurice Didier.*)

TOUS.

A mort! à mort!

MARTHE, *jetant un cri en voyant son père.*

Ah! mon père! mon père! (*Elle s'élance vers lui, mais Serpent-de-Feu lui barre le passage sa hache levée sur sa tête.*) Ah! (*Elle recule et tombe à genoux.*)

DIDIER.

Ma fille! mon enfant! Ne défie pas ce tigre... Il te
tuerait... Et ce n'est pas à toi de mourir!...

SERPENT-DE-FEU.

Qu'elle soit la femme du chef, tu vivras!...

DIDIER.

La vie à ce prix-là, démon, je n'en veux pas!... Tuez-
moi donc, tuez-moi vite, je suis prêt.

TOUS.

A mort! à mort!

MARTHE.

Non! non! Grâce pour lui! grâce!... pitié! pitié!... Ne
le tuez pas! Je suis à vos genoux, je vous supplie, je vous
implore!

DIDIER.

Relève-toi, Marthe! la place d'une chrétienne n'est point
aux pieds de ces misérables!... Cesse d'implorer mes bourreaux... Sois résignée, sois forte et prie pour moi!

MARTHE, *se tordant les bras de désespoir.*

Ah! mais c'est horrible, c'est infernal! Prenez ma vie!
mais ne le tuez pas!... Faites-moi souffrir, déchirez ma
chair... Inventez pour moi mille tortures... mais ne le tuez
pas! ne le tuez pas!...

SERPENT-DE-FEU.

Sois à moi!

DIDIER.

Marthe! ne m'as-tu pas entendu, ne m'as-tu pas compris?... Je t'ai défendu de prier ce monstre.

MARTHE.

Mon Dieu! mon Dieu! mon Dieu!

LES INDIENS.

A mort! à mort!

SERPENT-DE-FEU.

Je donne le vieillard pour but aux guerriers! Que les
guerriers lancent leurs flèches! (*Les Indiens apprêtent leurs
flèches et visent Maurice Didier.*)

MARTHE, *poussant un cri et faisant un rempart
de son corps à son père.*

Ah! Prends-moi donc, bandit!... Je veux sauver mon
père! (*Elle tombe évanouie.*)

RAYON-DU-SOIR.

Elle a cédé!

SERPENT-DE-FEU, *aux Indiens.*

Arrêtez!!!... Qu'on porte la fille blanche dans le wigwam

le plus proche. (*Des femmes saisissent Marthe et l'entraî-nent.*)

> DIDIER, *sortant entraîné par les Indiens.*

Mon Dieu! mon Dieu! prenez pitié de nous!

> SERPENT-DE-FEU.

Elle est à moi!

> RAYON-DU-SOIR, *à part.*

Pas encore!

> CLÉOPATRE.

Ah! le coquin!

> TIBULLE.

Ah! le brigand!

SCÈNE IX

LES MÊMES, LA PANTHÈRE-NOIRE, *puis* UNCAS, BAS-DE-CUIR *et* PAUL LAURIÈRE.

> LA PANTHÈRE-NOIRE, *entrant.*

Grand chef...

> SERPENT-DE-FEU.

Qu'y a-t-il?

> LA PANTHÈRE-NOIRE.

Trois guerriers de la tribu des Delawares demandent à être admis en présence de Serpent-de-Feu.

> SERPENT-DE-FEU.

Les Delawares sont nos ennemis... Que l'un d'eux se présente d'abord.

> RAYON-DU-SOIR, *à part.*

Les Delawares... c'est la tribu d'Uncas...

> SERPENT-DE-FEU.

Que veulent-ils? Viennent-ils apporter la hache de guerre?

> LA PANTHÈRE-NOIRE, *faisant signe au dehors.*

Qu'on amène l'un des guerriers... (*Uncas entre escorté de deux Indiens hurons; il est vêtu et tatoué de manière à être presque méconnaissable.*)

> SERPENT-DE-FEU.

Que demande le guerrier delaware au chef huron?

> UNCAS.

L'hospitalité.

> RAYON-DU-SOIR, *à part.*

Mais c'est la voix d'Uncas!

> SERPENT-DE-FEU.

Nos deux tribus sont ennemies... Pourquoi le Delaware vient-il au Huron?

UNCAS.

Nous avons bu l'eau de feu apportée par les visages pâles et nous avons perdu la raison pendant un jour et une nuit...

TIBULLE, *à part.*

Voyez-vous, les gaillards ! Ces sauvages-là, ça aime l'eau-de-vie !

UNCAS.

Nos frères nous ont chassés de la tribu ! Nous renions nos frères et nous demandons à la tribu des Hurons de nous adopter.

SERPENT-DE-FEU.

Les guerriers delawares peuvent-ils prouver qu'ils ne sont ni traîtres ni menteurs, et donner à mes guerriers des gages de fidélité ?

UNCAS.

Oui...

SERPENT-DE-FE .

Lesquels ?

UNCAS.

Nous amenons à Serpent-de-Feu deux prisonniers... deux visages pâles... dont le chef huron aurait payé la capture au prix de tous les trésors de sa tribu...

RAYON-DU-SOIR, *à elle-même.*

Que dit-il ?

SERPENT-DE-FEU.

Deux visages pâles !

UNCAS, *faisant un signe au dehors.*

Que Serpent-de-Feu regarde et qu'il dise ensuite si le Delaware a menti ! (*Bas-de-Cuir et Paul Laurière, les mains attachées, entrent conduits par deux Indiens de la tribu d'Uncas.*)

TOUS.

Bas-de-Cuir !...

SERPENT-DE-FEU, *poussant un cri de joie.*

Bas-de-Cuir !...

TIBULLE, *bas, à Cléopâtre.*

Monsieur Laurière !... Ils sont flambés !...

CLÉOPATRE.

Tais toi donc !...

RAYON-DU-SOIR, *à part.*

Bas-de-Cuir ici ?...

UNCAS, *bas à Rayon-du-Soir.*

Silence... et préviens la fille pâle. (*Rayon-du-Soir se glisse au milieu des groupes et disparaît.*)

BAS-DE-CUIR, *bas à Paul Laurière.*

Courage !... nous touchons au but !...

SERPENT-DE-FEU, *à Uncas.*

Que le Delaware et ses frères soient les bienvenus dans la tribu des Hurons!... (*Uncas et les Indiens s'inclinent.*)

PAUL LAURIÈRE, *à Bas-de-Cuir.*

Marthe est-elle encore vivante?.. Malgré moi, j'ai peur!...

SERPENT-DE-FEU, *à Bas-de-Cuir.*

Ennemi de ma race, je te tiens donc, enfin!... Je te ferai payer le sang versé!... Tu connaîtras la vengeance des Hurons!...

BAS-DE-CUIR.

Le guerrier qui menace un prisonnier désarmé est un lâche!...

SERPENT-DE-FEU.

La journée est heureuse pour la tribu!... Demain le sang de Bas-de-Cuir rougira le couteau des guerriers!... Demain les ministres du grand Esprit béniront l'union de Serpent-de-Feu et de la nouvelle reine des Hurons!... Qu'on amène la fiancée du chef... Je veux la conduire moi-même au wigwam... (*Quelques Indiens sortent.*)

BAS-DE-CUIR.

La fiancée du chef!...

PAUL LAURIÈRE.

Je tremble!...

UNCAS.

Silence!... (*On amène Marthe, pâle, tremblante, se soutenant à peine. — Serpent-de-Feu va au-devant d'elle, lui prend la main et la fait asseoir sous le pavois.*)

BAS-DE-CUIR, PAUL LAURIÈRE *et* UNCAS.

Elle!... c'est elle!...

BAS-DE-CUIR, *bas à Uncas.*

Coupe mes liens, Uncas! Je veux tuer cet homme!...

UNCAS, *de même.*

Il n'est pas temps encore!...

SERPENT-DE-FEU.

Guerriers de la tribu, demain la fille pâle sera votre reine!...

BAS-DE-CUIR, *à lui-même.*

Demain!... D'ici à demain, il y a le temps de créer un monde!... (*On l'entraîne avec Paul Laurière et Uncas.*)

SERPENT-DE-FEU.

Filles des Ottawas, nos alliés, célébrez la nouvelle victoire de votre chef, et la capture de Bas-de-Cuir! (*Un Indien fait un signe au dehors. — Les filles des Ottawas entrent et commencent une danse guerrière.*)

BALLET. — RIDEAU.

ACTE QUATRIÈME

CINQUIÈME TABLEAU

L'intérieur d'une hutte. — Un poteau placé au milieu soutient la toiture.
Porte à droite ; porte à gauche.

—

SCÈNE PREMIÈRE

BAS-DE-CUIR, *puis* UNCAS.

BAS-DE-CUIR, *seul, attaché au poteau.*

L'heure de la délivrance va sonner, et j'ai peur..... Le
moment d'agir approche, et je tremble!... (*Après un
temps.*) Oui, je tremble... pour la première fois de ma
vie... et pour la première fois aussi je doute de moi-
même!... Ah! c'est qu'il ne s'agit pas de mon propre
péril!.. Il s'agit de Marthe... de Marthe, que j'aime... Oh!
je veux la sauver... et je la sauverai... (*La porte de droite
s'ouvre. Uncas paraît.*) Eh bien! Uncas?...

UNCAS.

Le grand Esprit protége ses enfants... Il a frappé d'aveuglement le chef huron!..... Les Indiens Delawares ont
tranché les liens de Paul Laurière... Les visages pâles sont
avertis... Ils n'attendent plus que le signal de Rayon-du-
Soir...

BAS-DE-CUIR.

Et Marthe!... Marthe!...

UNCAS.

Le Mohican ne sait rien de la jeune fille... Mais que Bas-
de-Cuir se rassure... Rayon-du-Soir a juré de sauver la fille
pâle... Rayon-du-Soir tiendra son serment.

BAS-DE-CUIR.

Détache mes liens...

UNCAS.

Que Bas-de-Cuir soit prudent... (*Il le détache.*)

BAS-DE-CUIR, *agitant ses mains.*

Libre!... et dans le camp de nos ennemis!... Ah! je
ne doute plus, maintenant! je suis sûr du succès! Que

Serpent-de-Feu prépare mon supplice! Demain je serai loin de lui, avec sa proie conquise, et je le défierai!...

UNCAS.

La fuite sera dangereuse...

BAS-DE-CUIR.

Pourquoi ?

UNCAS.

La lune brille comme l'acier du couteau fraîchement aiguisé...

BAS-DE-CUIR.

Qu'importe?... Donne-moi des armes!...

UNCAS.

Tiens !... (*Il lui donne deux pistolets et un couteau.*)

BAS-DE-CUIR, *glissant les pistolets dans les poches de son vêtement, et cachant le couteau dans sa poitrine.*

Ah! tout cela ne vaut pas ma carabine!...

UNCAS.

Pour éloigner le soupçon, ne fallait-il pas livrer aux Indiens, comme un trophée de victoire, le tueur-de-daims de Bas-de-Cuir ?...

BAS-DE-CUIR.

C'est vrai... (*Bruit au dehors.*)

UNCAS.

Quelqu'un !... (*Bas-de-Cuir s'assied sur un tronc d'arbre, les mains derrière le dos comme si elles n'avaient pas cessé d'être attachées.*)

BAS-DE-CUIR.

Qui vient ici ?...

UNCAS, *regardant au dehors.*

Rayon-du-Soir...

SCÈNE II

LES MÊMES, RAYON-DU-SOIR.

RAYON-DU-SOIR, *paraissant à gauche.*

Plus bas!...

BAS-DE CUIR.

Rayon-du-Soir a-t-elle prévenu la jeune fille et le vieillard?...

RAYON-DU SOIR.

Le vieillard sait que les défenseurs veillent... il attend la délivrance...

BAS-DE-CUIR.

Et Marthe!...

RAYON-DU-SOIR.

La jeune fille et l'esclave blanche habitent un autre wigwam gardé par deux guerriers que Serpent-de-Feu a menacés de mort si Rayon-du-Soir pénétrait dans le wigwam...

BAS-DE-CUIR.

Mais alors tout est perdu!...

RAYON-DU-SOIR.

Non, car Rayon-du-Soir a fait porter aux guerriers
une gourde pleine d'eau de feu... la gourde est déjà vide...
dans une heure les guerriers dormiront d'un sommeil semblable à la mort et l'entrée du wigwam sera libre...

BAS-DE-CUIR.

Que fait le chef?...

RAYON-DU-SOIR.

Le feu du conseil brûle encore... quand il aura jeté sa
dernière étincelle, le chef viendra visiter le prisonnier... je
le sais...

UNCAS.

Lui!!!

BAS-DE-CUIR, *avec élan.*

Ici... près de nous... et je suis armé!...

RAYON-DU-SOIR.

Que Bas-de-Cuir se souvienne, et que la vie du chef soit
sacrée pour lui!!! Rayon-du-Soir sauvera la jeune fille
blanche, et Rayon-du-Soir aime Serpent-de-Feu...

BAS-DE-CUIR.

L'Indienne a raison... Je me souviendrai!!! — C'est dans
une heure seulement que les gardiens de Marthe seront endormis?

RAYON-DU-SOIR.

Oui... et dès que le sommeil aura clos leurs paupières,
Rayon-du-Soir donnera le signal à Bas-de-Cuir en faisant
retentir à trois reprises le cri du hibou...

BAS-DE-CUIR.

Et jusqu'à ce moment je trouverai moyen de retenir le
chef auprès de moi... J'inventerai des ruses... Je froisserai
son orgueil... J'exciterai sa colère... il restera!!! Quand le
signal se sera fait entendre, nous agirons tous à la fois...
nous quitterons la tribu en nous glissant dans les taillis de
la forêt, du côté de l'Occident, et nous gagnerons les Roches
de l'Idole, où nous ferons halte jusqu'au jour...

UNCAS.

C'est la sagesse qui parle par ta bouche.

BAS-DE-CUIR.

En gagnant les Roches, nous passerons à l'endroit où
nous avons laissé Lucien...

UNCAS.

J'ai compris...

BAS-DE-CUIR, *à Rayon-du-Soir.*

Et maintenant, puisque l'amour et le dévouement ont
fait de Rayon-du-Soir notre alliée, qu'elle retourne auprès
du wigwam de la prisonnière, en attendant le moment d'en
franchir le seuil.

RAYON-DU-SOIR.

Oui! oui!... (*Elle sort par la gauche.*)

BAS-DE-CUIR.

Décidément Dieu est avec nous!!!

UNCAS, *s'avançant près de la porte de droite.*

On vient!... C'est Serpent-de-Feu!!! Que Bas-de-Cuir re-
prenne son immobilité!...

BAS-DE-CUIR, *s'adossant au poteau, les mains derrière le dos.*

Je suis prêt!...

SCÈNE III

LES MÊMES, SERPENT-DE-FEU. *Uncas, les bras croisés sur
sa poitrine, s'est adossé à l'une des parois de la hutte, les
yeux fixés sur Bas-de-Cuir.*

SERPENT-DE-FEU, *à Uncas.*

Le guerrier delaware est un allié fidèle, il a fait bonne
garde... merci...

BAS-DE-CUIR, *à part.*

Il est seul...

UNCAS.

Le Delaware est-il digne d'entrer dans la tribu des Hurons?...

SERPENT-DE-FEU.

Oui! —Le chef veut rester seul avec le prisonnier. (*Uncas
s'incline et sort.*)

BAS-DE-CUIR, *à lui-même.*

Maintenant, à nous deux!!!

SCÈNE IV

BAS-DE-CUIR, SERPENT-DE-FEU.

SERPENT-DE-FEU.

La longue carabine est en mon pouvoir!... Le Français,

ennemi de ma tribu, a les mains attachées!... Il courbe la tête comme une femme, et le chef des Hurons a ordonné sa mort.

BAS-DE-CUIR.

Qu'importe la mort de Bas-de-Cuir?... Les Hurons sont des traîtres et des lâches... D'autres viendront pour les punir et pour me venger!...

SERPENT-DE-FEU.

Ta vie appartient au chef, et le chef cependant consent à t'offrir un traité de paix si tu veux mettre ton cœur et ton bras au service de la tribu...

BAS-DE-CUIR.

Ma vie appartient à Dieu!... Mon cœur et mon bras sont à ceux que j'aime et que vous haïssez!!! Vous voyez bien qu'entre Bas-de-Cuir et vous nul traité de paix n'est possible...

SERPENT-DE-FEU.

Peut-être...

BAS-DE-CUIR.

Entre nous, rien de commun!

SERPENT-DE-FEU.

Même pour sauver la fille pâle?

BAS-DE-CUIR, *vivement*.

La sauver! (*Reprenant son sang-froid.*) La bouche de l'Indien sait mentir. La jeune fille n'a-t-elle pas consenti à partager ton wigwam? Nul autre péril ne la menace.

SERPENT-DE-FEU.

Bas-de-Cuir se trompe!... La mort veille aux côtés de Marthe Didier...

BAS-DE-CUIR.

C'est impossible, puisque le chef a fait grâce à celle qui sera reine de la tribu!... Marthe a cédé... qu'a-t-elle à craindre?...

SERPENT-DE-FEU.

Elle a cédé... oui... des lèvres, mais non du cœur... elle veut mourir.

BAS-DE-CUIR.

Qui te l'a dit?...

SERPENT-DE-FEU.

Elle a détaché de la muraille du wigwam une flèche empoisonnée! que la pointe touche sa chair et elle est perdue!...

BAS-DE-CUIR.

Mon Dieu ! (*Après un temps.*) Mais non !... Marthe est chrétienne... elle ne se donnera pas la mort !...

SERPENT-DE-FEU.

Plutôt que de devenir ma femme, elle n'hésitera pas !... J'ai entendu ses paroles... j'ai lu sa résolution dans ses yeux...

BAS-DE-CUIR.

Non ! non ! qu'elle ne meure pas !... parle ! que veux-tu de moi ?

SERPENT-DE-FEU.

Je vais te conduire près de la jeune fille...

BAS-DE-CUIR.

Moi !...

SERPENT-DE-FEU.

Toi seul tu peux éloigner de son esprit ces idées de mort ! toi seul tu peux la décider à devenir reine de la tribu !..

BAS-DE-CUIR, *avec éclat.*

Et tu as espéré que je ferais cela ?

SERPENT-DE-FEU.

Tu le feras, et tu seras libre...

BAS-DE CUIR.

Jamais !

SERPENT-DE-FEU.

Tu le feras, car tu aimes la jeune fille...

BAS-DE-CUIR.

Misérable !

SERPENT-DE-FEU.

Tu l'aimes, et pour la voir vivante tu sacrifieras ton amour !

BAS-DE-CUIR.

Tais-toi !

SERPENT-DE-FEU.

Tu l'aimes, et tu la sauveras de la mort !

BAS-DE-CUIR.

Pour la livrer à la honte !

SERPENT-DE-FEU.

Bas-de-Cuir oublie que je suis chef !

BAS-DE-CUIR.

Chef de bandits ! chef de bourreaux ! Ah ! tu sais que je l'aime, et tu crois que je me ferai ton complice, et que je te livrerai son cœur ! tu te trompes, Serpent-de-Feu ! Plutôt que de jeter Marthe dans tes bras, je la laisserais mourir ! je la tuerais moi-même !

SERPENT-DE-FEU.

Réfléchis! j'attends...

BAS-DE-CUIR.

J'ai répondu...

SERPENT-DE-FEU.

Prends garde... (*On entend au dehors le chant du hibou répété trois fois.*)

BAS-DE-CUIR.

Je te défie!

SERPENT-DE-FEU, *brandissant son tomahawk.*

Alors, c'est toi qui vas mourir!

BAS-DE-CUIR, *les mains libres et dirigeant vers lui les canons de ses pistolets.*

En es-tu sûr?

SERPENT-DE-FEU, *poussant un cri de rage.*

Trahi! (*Il bondit vers la porte de gauche. Elle s'ouvre et laisse voir Uncas et Paul Laurière armés sur le seuil. Il s'élance à droite. Tibulle, un pistolet à la main, lui barre le passage.*)

TIBULLE.

Ça mord, ces joujoux-là!

SERPENT-DE-FEU, *reculant.*

Ah!

SCÈNE V

BAS-DE-CUIR, SERPENT-DE-FEU, PAUL LAURIÈRE, UNCAS, TIBULLE, *puis* RAYON-DU-SOIR.

BAS-DE-CUIR, *vivement à Paul.*

Et Marthe?...

PAUL LAURIÈRE.

En sûreté!

BAS-DE-CUIR.

Maurice Didier?...

UNCAS.

Il nous attend.

BAS-DE-CUIR, *à Serpent-de-Feu.*

Ah! Serpent-de-Feu, nous t'enlevons ta proie!

UNCAS, *menaçant.*

Le Mohican demande vengeance.

BAS-DE-CUIR.

Laisse cet homme, Uncas!... Oublies-tu que sa vie n'est pas à nous?

UNCAS.

Mais s'il reste vivant, il va lancer la tribu sur nos traces!...

BAS-DE-CUIR.

En l'attachant à ce poteau, il ne sera plus à craindre! (*Uncas et Paul Laurière saisissent Serpent-de-Feu, qui se débat avec des rugissements, et l'attachent au poteau.*)

TIBULLE, *menaçant.*

Bon Indien, ne faisons pas le méchant!...

SERPENT-DE-FEU.

Je suis trahi!...

BAS-DE-CUIR.

Maintenant, pensons à nous.

PAUL.

Vous avez des armes?...

BAS-DE-CUIR.

Oui, mais je n'ai pas ma carabine.

RAYON-DU-SOIR, *entrant et la lui donnant.*

La voilà...

BAS-DE-CUIR, *la saisissant avec joie.*

Merci, Rayon-du-Soir, merci!

SERPENT-DE-FEU, *avec rage.*

Elle aussi! elle...

RAYON-DU-SOIR.

Le bien pour le bien, le mal pour le mal, c'est la loi de notre tribu. La femme de Serpent-de-Feu s'en souvient!

BAS-DE-CUIR *à Serpent-de-Feu.*

Tu le vois, nous sommes les plus forts. Tu allais me tuer, et je te fais grâce. Mais écoute-moi bien, Serpent-de-Feu, et souviens-toi de mes paroles. Si tu nourris l'espoir d'une revanche, si tu poursuis de ta haine ceux qui viennent de t'échapper aujourd'hui, si enfin tes instincts de bête fauve et d'oiseau de proie te jettent de nouveau sur ma route, malheur à toi! l'heure de la justice aura sonné et je te tuerai sans pitié, comme on tue un vautour!!! Maintenant, frères, à l'œuvre! Partons. (*Ils sortent vivement.*)

RIDEAU.

SIXIÈME TABLEAU

Une gorge sombre au milieu des montagnes. D'énormes blocs de granit, s'élevant à droite et à gauche, forment un défilé qui se perd dans l'éloignement. Quelques-uns de ces rocs, couverts de végétation, sont praticables, à gauche surtout. Au milieu de la gorge, sur un bloc de granit formant socle, s'élève une statue colossale, grossièrement taillée dans la pierre et représentant une idole monstrueuse. En avant de cette statue un autre bloc de granit formant table et servant aux sacrifices humains. Des chevelures sont suspendues autour de l'idole. Il fait nuit. Un clair de lune brillant éclaire ce tableau et laisse par endroits de grandes ombres.

SCÈNE PREMIÈRE

MAURICE DIDIER, MARTHE, CLÉOPATRE, TIBULLE.
(*Marthe est à genoux, elle prie en sanglotant. Tibulle, debout sur un rocher à gauche, semble écouter les bruits du dehors.*)

MAURICE DIDIER, *à Tibulle.*
Vous n'entendez aucun bruit, n'est-ce pas ?

TIBULLE.
Aucun, et cependant on entendrait voler une mouche.

MARTHE.
C'est à douter de la justice du ciel !

MAURICE DIDIER.
Mon enfant, tu blasphèmes.

MARTHE.
Les douleurs... les tortures... les souffrances qui nous accablent depuis trois jours, les avons-nous donc méritées, grand-père ?

MAURICE DIDIER,
Marthe !...

MARTHE.
La main de Dieu s'appesantit sur nous ! Elle nous frappe en envoyant dans notre demeure un démon ! Elle fait de nous les prisonniers des monstres dont l'enfer a peuplé ces contrées !... Elle nous force à fuir dans ces solitudes où l'on nous traque comme des bêtes fauves ! Un homme, sublime incarnation du courage et du dévouement, nous sauve ! Il nous fait libres ! mais la main de Dieu nous frappe encore,

6

puisqu'elle nous enlève un de vos enfants. Oh! mon père!
mon père! Pourquoi, dans ses colères, le ciel n'est-il pas
juste?

CENTER|MAURICE DIDIER.

Il est juste et il est clément, puisqu'en ce moment il ne
te frappe point pour te punir de douter de lui!

CENTER|MARTHE.

Oh! grand-père! si vous saviez tout ce que je souffre!...
J'appelle Lucien... il ne vient pas, et mon cœur se brise!...

CENTER|CLÉOPATRE.

Faut pas vous faire du mal, mam'zelle. Monsieur Lucien
se sera égaré dans les bois... c'est sûr... mais nous le re-
verrons...

CENTER|TIBULLE.

Nos amis retrouveront ses traces...

CENTER|MARTHE, *avec des sanglots.*

Ou son cadavre... mutilé par les Indiens.

CENTER|TIBULLE.

Chut!... on s'approche.

CENTER|MAURICE DIDIER.

J'entends... oui... j'entends... (*Paul Laurière paraît au
fond avec Uncas.*)

CENTER|MAURICE DIDIER.

Monsieur Laurière!...

CENTER|TIBULLE *et* CLÉOPATRE.

Uncas!...

SCÈNE II

LES MÊMES, UNCAS, PAUL LAURIÈRE.

CENTER|MAURICE DIDIER, *avec désespoir.*

Ils sont seuls!...

CENTER|MARTHE, *courant à Paul.*

Lucien... mon frère... où est-il?... Oh! vous vous taisez...
il est mort... il est mort!...

CENTER|PAUL LAURIÈRE, *vivement.*

Non! non! ne dites pas cela!...

CENTER|MARTHE.

Répondez-moi!... répondez-moi!... Avez-vous trouvé sa
trace? Que savez-vous?

CENTER|PAUL LAURIÈRE.

Rien, hélas!

UNCAS.

Le visage pâle et l'Indien ont interrogé la forêt... la forêt n'a pas répondu !..

MARTHE.

Perdu ! perdu pour nous!... Et Bas-de-Cuir? Mon dernier espoir est en lui...

PAUL LAURIÈRE.

Bas-de-Cuir s'est séparé de nous pour explorer les bois sur d'autres points...

UNCAS.

Bas-de-cuir a son cheval Bull, rapide comme le vent qui souffle sur les prairies... il parcourra de grands espaces.

MAURICE DIDIER.

Marthe, la joie peut renaître encore dans nos cœurs... Bas-de-Cuir peut nous ramener ton frère !...

MARTHE.

Oh ! grand père! que le ciel vous entende !

PAUL LAURIÈRE, à *Marthe*.

Dieu m'est témoin que je donnerais ma vie pour sauver celle de Lucien !... pour empêcher de couler vos larmes !...

MARTHE, *vivement*.

Votre existence ne rachèterait pas celle de mon frère ; et d'ailleurs, pourquoi feriez-vous ce sacrifice?... nous ne sommes pour vous que des étrangers !...

PAUL.

Des étrangers ! Oh! mademoiselle! ce mot est cruel ! Des étrangers! quand, auprès de votre père, de vous et de Lucien, il m'a semblé que Dieu me rendait une famille !... quand vous avez appris à mon cœur ces saintes affections qu'il ignorait! Croyez-moi, mademoiselle, mon dévouement pour vous n'est pas du sacrifice !... C'est à tous ceux que vous aimez qu'appartient désormais ma vie, et ce pays m'est devenu odieux depuis que le malheur vous y frappe !

MARTHE.

Merci, monsieur Laurière, merci.

TIBULLE, à *Cléopâtre*.

Oh! Cléopâtre, je donnerais de bien bon cœur mon flageolet et ma pochette pour nous voir errants sous les pommiers à cidre de Caudebec, où tu naquis !...

CLÉOPATRE.

Ah! bride à sabots !... Ils sont joliment loin, les pommiers !... ils auront le temps de fleurir et les pommes de mûrir avant que nous les ayons revus... (*On entend un son de trompe au loin.*)

TIBULLE, *prétant l'oreille.*

Il m'a semblé ouïr un *sol* dièse !

UNCAS.

C'est la trompe de Bas-de-Cuir ! Il vient... il approche...

MARTHE.

Je n'ose regarder !... Ramène-t-il mon frère ?... Que va-t-il nous apprendre ?... Ah ! j'ai peur !...

PAUL LAURIÈRE.

Au nom du ciel, calmez-vous !... (*On entend les pas d'un cheval.*)

TOUS, *tendant les bras du côté d'où vient le bruit.*

Bas–de-Cuir ! Bas-de-Cuir ! (*Bas-de-Cuir parait, son bras passé dans la bride de Bull. Il est triste et sombre.*) Ah !... (*Tous détournent la tête.*)

MARTHE, *cachant son visage dans ses mains.*

Mon pauvre frère !... (*Bas-de-Cuir est entré en scène. — Il tend les mains à Maurice Didier.*)

SCÈNE III

LES MÊMES, BAS-DE-CUIR.

MAURICE DIDIER, *d'une voix sourde.*

Rien, n'est-ce pas ?

BAS-DE-CUIR.

Rien ! L'enfant n'était plus dans la caverne où nous l'avions laissé lorsque nous prîmes le chemin de la tribu des Hurons pour vous délivrer... Pendant environ trois milles, je suivis facilement ses traces... Elles me conduisirent dans une clairière entourée de rochers, au milieu de laquelle une source sortait du gazon en bouillonnant !... Là m'attendait un spectacle effrayant !... Mon cœur cessa de battre, et tout mon sang se glaça dans mes veines...

MARTHE, *joignant les mains.*

Mon Dieu !

BAS-DE-CUIR.

Lucien s'était arrêté auprès de la source... La terre humide, foulée aux pieds, et déchirée par des griffes puissantes, disait assez que le malheureux enfant avait soutenu contre une bête fauve une lutte effroyable... Des flots de sang rougissaient le sol...

MARTHE, *folle de terreur.*

Du sang !... Et lui !... lui !...

MAURICE DIDIER.

Marthe... mon enfant chérie, du courage !... Tu le vois,
j'écoute aussi... moi... j'écoute...

MARTHE.

Je vois que vous pleurez, grand-père !...

MAURICE DIDIER.

Oui, je pleure, et mon cœur se brise... mais je me sou-
mets... je me résigne...

MARTHE, à Bas-de-Cuir.

Continuez, ami... mon père a raison... Je veux me sou-
mettre aussi... je veux rester calme... (*D'une voix presque
indistincte.*) Mais, dites-moi... faut-il tomber à genoux et
prier Dieu... prier pour un martyr?...

BAS-DE-CUIR.

Les empreintes rouges continuaient jusqu'aux rochers...
Là elles disparaissaient, et, sur la première assise du granit,
je ramassai... (*Il s'interrompt.*)

MARTHE *et* DIDIER.

Parlez !... parlez !... au nom du ciel !...

BAS-DE-CUIR, *sourdement.*

Je ramassai ce morceau d'étoffe ensanglantée. (*Il montre
une ceinture en lambeaux ayant fait partie du costume de Lucien.*)

TOUS.

Mon Dieu !

MARTHE, *tombant à genoux.*

Mon frère est mort ! (*Sanglots. — Instants de silence.*)

MAURICE DIDIER, *calme, mais sombre et pâle.*

Dieu est le maître de nos destinées ! Il nous avait donné
la joie de notre foyer... il nous la reprend !... Que sa volonté soit faite ! Prions pour celui qui n'est plus !... (*Tous se
découvrent et s'agenouillent.*)

MARTHE, *avec des larmes.*

Mon Dieu ! j'ai blasphémé tout à l'heure en me révoltant
contre votre sainte justice !... Vous m'en punissez cruelle-
ment !... mais je m'humilie devant vous !... Pardonnez-moi,
mon Dieu, et recevez au ciel l'âme angélique qui est re-
tournée vers vous ! (*Elle éclate en sanglots.*)

BAS-DE-CUIR.

Silence ! (*Tout le monde se lève et écoute. — Marthe seule
reste à genoux et prie.*) Quelqu'un s'est engagé sur les roches...

6.

UNCAS.

Le pas est plus léger que celui de la panthère guettant
sa proie...

PAUL LAURIÈRE.

Serait-on sur nos traces?

MAURICE DIDIER.

Il faut nous défendre! Je sauverai du moins ma fille...

BAS-DE· CUIR.

Pas un mot! Retenez votre souffle! Que vos pieds restent
cloués au sol! Empêchez même, si vous le pouvez, vos cœurs
de battre dans vos poitrines!

UNCAS.

On approche!... (*Une silhouette de femme se dessine sur
le haut d'un rocher à gauche, éclairée par un rayon de lune.*)

CLÉOPATRE.

Une femme!...

RAYON-DU-SOIR, *se penchant vers la gorge.*

Uncas!... Uncas!...

UNCAS.

Cette voix!

BAS-DE-CUIR.

C'est Rayon - du - Soir!... Nous sommes là... Venez!...
(*Rayon-du-Soir descend rapidement les rochers.*)

SCÈNE IV

LES MÊMES, RAYON-DU-SOIR.

MAURICE DIDIER.

Vient-elle nous apprendre qu'un nouveau malheur nous
menace?...

MARTHE, *amèrement, se relevant.*

Quel nouveau malheur pourrait maintenant nous atteindre?...

BAS-DE-CUIR, *allant à Rayon-du-Soir.*

Que se passe-t-il?... Parle vite!... Nos instants sont précieux...

RAYON-DU-SOIR.

Il faut fuir!

BAS-DE-CUIR.

Connaît-on notre retraite?

RAYON DU-SOIR.

Non; mais les guerriers ont délivré le chef. Serpent-de-
Feu vient cette nuit invoquer le grand Esprit!!! Il amène la

tribu tout entière au pied de l'idole... Deux victimes humaines seront immolées !...

TOUS.

Ici ?

BAS-DE-CUIR.

Deux victimes humaines !...

RAYON-DU-SOIR.

Le naturaliste et l'enfant !...

TOUS.

L'enfant ?...

MARTHE.

Lucien !... C'est Lucien !...

RAYON-DU-SOIR.

Prisonnier des guerriers hurons !

MAURICE DIDIER.

Vivant !... il est vivant !...

MARTHE.

Il est vivant, mon père, mais ils vont venir l'égorger ici !

BAS-DE-CUIR.

Le retrouver pour le perdre !... le savoir vivant et le laisser mourir !... Allons donc !... est-ce que c'est possible ?

MARTHE.

Que faire ?...

BAS-DE-CUIR.

Le sauver, pardieu !...

PAUL LAURIÈRE.

Le sauver ! mais comment ?....

MAURICE DIDIER.

Quel moyen employer ?

BAS-DE-CUIR.

Le moyen ?... Eh ! que vous importe, si je réussis ?... et je réussirai ou j'y perdrai la vie !... (A Rayon-du-Soir.) Les Indiens, dis-tu, vont se rendre ici... Le temps ?... l'heure ?... Combien me reste-t-il pour agir ?

RAYON-DU-SOIR, désignant un rocher.

La lune éclaire ce pic décharné, les guerriers vont mettre le pied dans les roches.

BAS-DE-CUIR.

Quand les guerriers auront mis le pied dans les Roches, l'heure de la délivrance aura sonné. (A Rayon-du-Soir.) Que Rayon-du-Soir se rapproche de la tribu et qu'elle veille de son côté sur l'enfant !

RAYON-DU-SOIR.

J'y vais ! j'y vais ! (Elle sort.)

BAS-DE-CUIR.

Uncas vous servira de guide.

UNCAS.

Que Bas-de-Cuir n'éloigne point Uncas.

BAS-DE-CUIR.

Uncas veillera sur ceux que j'aime. Gagnez la clairière de l'Hudson, où je vous rejoindrai bientôt avec Lucien.

MARTHE.

Ah! mon ami!... songez-vous bien à ce que vous nous promettez?

BAS-DE-CUIR.

Je vous promets autant de joie que je vous ai, tout à l'heure, apporté de désespoir...

MARTHE.

Après l'espérance que vous me donnez, et qui me rend folle, une déception me tuerait!...

BAS-DE-CUIR.

Vous vivrez, Marthe, et vous vivrez heureuse! Je vous rendrai Lucien, je le jure!...

MARTHE.

Ah! Bas-de-Cuir... sauvez-le... sauvez-le!... Revenez en France avec nous, et notre famille sera la vôtre... et vous verrez comment nous aimons ceux qui nous aiment!...

BAS-DE-CUIR.

Le monde fût-il dix fois plus lourd, après les paroles que je viens d'entendre, je me sentirais de force à le soulever sur mes épaules! Allez maintenant!... allez!... allez!...

MARTHE.

Je vous laisse mon âme!

BAS-DE-CUIR.

Vous voyez bien que le ciel est avec moi, puisque l'âme d'un ange me protége!... Partez!... partez!...

TIBULLE.

Ah! Cléopâtre, nos pommiers sont en fleurs! (*Ils sortent.*)

SCÈNE V

BAS-DE-CUIR, *seul, à Bull.*

Toi, mon bon cheval, tu vas aller m'attendre là-bas, de l'autre côté des rochers... et écoute bien ce que je vais te dire, Bull : pas un piétinement, pas un hennissement, pas un souffle!... tu nous perdrais tous. Tu m'as compris, va!... (*Le cheval sort par la droite.*) Maintenant, à l'œuvre! (*S'appro-*

chant de l'idole et l'examinant.) Dieu des païens, monstrueuse idole, c'est toi qui sauveras l'enfant chrétien!... Ah! une profonde crevasse entre le socle et la statue!... (*Il verse dans la crevasse le contenu de l'un des cornets de poudre.*) Engloutis-toi dans le granit, sombre tonnerre créé par le génie humain!... Tu t'en échapperas tout à l'heure avec les éclairs et la foudre!... (*Regardant le sol.*) Les mille fissures du rocher me permettront de cacher la traînée, et le pied des Indiens ne pourra l'interroger... (*Il prend le second cornet de poudre et disparaît lentement à droite en faisant une traînée. Grand silence. Le théâtre reste vide pendant un instant. Musique sombre à l'orchestre. Bas-de-Cuir rentre en scène.*) La mine est prête!... maintenant attendons. (*Bruit au loin.*) Ils viennent!... ils s'avancent!... Venez... maudits!... Interrogez votre idole!... c'est mon Dieu qui vous répondra!... (*Il sort; alors, venant du fond, s'avance un groupe d'Indiens portant des torches pour éclairer la marche; puis d'autres Indiens. La musique, les idoles; derrière les idoles viennent Lucien et Gibson entourés de guerriers, puis Serpent-de-Feu, La Grenouille-qui-Chante, la Panthère-Noire, Tête-de-Cerf. Les vieillards, puis les sacrificateurs, les enfants et les femmes. D'autres guerriers ferment la marche. La troupe s'échelonne sur les rocs de gauche et forme tableau. La gorge est garnie d'Indiens. Les torches éclairent la scène de clartés rouges et mouvantes.*)

SCÈNE VI

SERPENT-DE-FEU, GIBSON, LUCIEN, LA PANTHÈRE-NOIRE, TÊTE-DE-CERF, LA GRENOUILLE-QUI-CHANTE, Les Vieillards, Indiens, Ottawas, Sikidis.

LUCIEN.

Eh bien ! eh bien! Gibson, qu'est-ce que c'est donc que cette figure-là? Tâchez de faire meilleure contenance, ou je croirai que vous avez peur...

GIBSON, *tremblant.*

Vous aurez bien le droit de le croire...

LUCIEN.

Allons... allons... du courage !...

GIBSON.

Cet enfant-là a le diable au corps !..

SERPENT-DE-FEU.

Les guerriers ont mis le pied dans les Roches où dort le grand Esprit!... Qu'ils courbent la tête et qu'on prépare la pierre du sacrifice !... (*Des Indiens allument le feu sur la table de pierre devant l'idole.*)

GIBSON.

C'est fini !... nous allons être égorgés comme des brebis! C'est le sacrifice d'Abraham !...

LUCIEN.

Ami Gibson... nous allons mourir... mourons en hommes et en chrétiens! Elevons notre âme vers le Dieu de nos pères!!... (*Il s'agenouille près de la pierre du sacrifice et il prie. Des femmes, vêtues de costumes étranges, commencent une danse bizarre autour de l'idole, au son des instruments indiens.*)

DANSE.

SERPENT-DE-FEU, *après la danse.*
Que les sacrificateurs s'emparent des victimes !...

GIBSON, *se débattant.*
Non... non... Pas encore!... pitié !...

LUCIEN.
Imitez-moi, Gibson !... Je n'ai pas peur!!! Ne demandez pas grâce à nos bourreaux !...

GIBSON.
Mais songez donc que nous allons mourir à la fleur de notre âge!

LUCIEN, *aux sacrificateurs.*
Je suis prêt !... (*On l'entraîne, on le place sur la pierre, où il s'agenouille.*) Votre couteau ne me fera point pâlir!... Vous êtes des lâches et des païens!... Soyez maudits!.. Mon Dieu, je vais à vous!... Grand-père... ma sœur... je pense à vous... priez... priez pour moi!... Seigneur, veillez sur eux !...

GIBSON.
Il meurt comme un héros!... moi, je défaille!!... je n'y vois plus!

LUCIEN.
Priez le bon Dieu, monsieur Gibson, nous allons aller vers lui...

SERPENT-DE-FEU.
Grand Esprit... les démons ont visité la tribu de tes fils... nous t'offrons ces victimes pour chasser l'esprit du mal!!!... sois clément!... protége nos wigwams!... Fais que les guerriers hurons soient partout victorieux, et remets en leurs mains les visages pâles échappés par la trahison!!!... Faites. (*Les sacrificateurs saisissent l'enfant, le couchent sur la pierre,*

et lèvent leurs haches. Les Indiens s'inclinent. Les sacrifica-
teurs vont frapper. Tout à coup, une longue traînée de feu
sillonne le sol de la gorge et court vers l'idole. Une explosion
formidable se fait entendre; la statue vole en éclats et l'écho
répéte trois fois le bruit formidable. Les Indiens, pris de ver-
tige, s'enfuient épouvantés et disparaissent. Gibson se jette à
genoux. Lucien blessé au front par un éclat de pierre, tombe
à la renverse sur le sol. Quatre Indiens se sont cachés derrière
des rochers, à gauche. Bas-de-Cuir, monté sur Bull, s'élance
en scène.)

SCÈNE VII

BAS-DE-CUIR, LUCIEN, GIBSON, Indiens.

BAS-DE-CUIR.

Courage, Lucien, courage, mon enfant... me voici. (*Coups de feu.*)

GIBSON.

Bas-de-Cuir!...

BAS-DE-CUIR.

Ah! les maudits!... ils ont tué Bull... Ils ont tué mon cheval. (*Le cheval tombe, au même instant un Indien se glisse derrière Bas-de-Cuir et va le frapper.*

LUCIEN, *criant.*

A toi, Bas-de-Cuir! (*Lutte de Bas-de-Cuir et de l'Indien, celui-ci tombe. Lutte de Bas-de-Cuir avec d'autres Indiens.*)

BAS-DE-CUIR.

Soutenez l'enfant, monsieur Gibson!... (*Lutte avec des Indiens. A Lucien.*) Lucien, mon enfant, es-tu dangereuse-ment blessé?

LUCIEN.

Non... non, mon grand ami! non; que faut-il faire?

BAS-DE-CUIR.

Ce qu'il faut faire, mon cher mignon, il faut aller ras-surer Marthe et monsieur Didier qui meurent dans l'anxiété. Ils nous attendent à la baie d'Hudson, et j'ai juré à Marthe que je te rapporterais vivant dans ses bras. Allons, viens... partons... partons... Mais les misérables vont nous pour-suivre... Attends... attends... (*Allant à Bull.*) Bull, mon bon cheval, est-ce qu'ils t'ont tué? (*Bull lève la tête.*) Ah!

non, non, blessé seulement et blessé au poitrail, ce n'est rien... Voyons, Bull... Mon brave cheval... courage, courage... et porte Lucien à nos amis qui l'attendent. (*Bull ne bouge pas.*) Rien!... immobile... Mon Dieu, est-ce que je vais mentir à Marthe? Ah! non, c'est impossible. Allons Bull, un effort suprême... Lève-toi... lève-toi... (*Le cheval redresse la tête et se soulève.*) Ah! il obéit... il se lève! il se lève...Viens, mon enfant.... (*Il met Lucien à cheval.*) Prends la crinière et tiens-toi bien... Souviens-toi, la baie d'Hudson... Maintenant, Bull... pars, porte l'enfant à ceux qui l'attendent! Va!va! (*Bull sort au galop emportant l'enfant. Des Indiens reparaissent sur les rochers.*)

GIBSON.

Les Indiens, monsieur Bas-de-Cuir! Les Indiens!...

BAS-DE-CUIR.

Par ici, monsieur Gibson... et vendons chèrement notre vie!!! (*Il l'entraine à droite. Les Indiens font feu.— Rideau.*)

FIN DU QUATRIÈME ACTE

ACTE CINQUIÈME

SEPTIÈME TABLEAU

Une clairière sur les rives de l'Hudson. Au fond, une petite berge conduisant au bord du fleuve. Grands arbres et tertres de gazon.

—

SCÈNE PREMIÈRE

INDIENS. (*Au lever du rideau la scène est vide. Tout à coup, venant de gauche, deux Indiens paraissent sur le fleuve, montant une pirogue. Ils s'arrêtent près du tertre de gauche, jettent un coup d'œil dans la clairière, puis disparaissent à droite. Un gand silence se fait. Puis, de gauche, au milieu des massifs, on voit sortir* MAURICE DIDIER, PAUL LAURIÈRE, MARTHE *et* UNCAS.

SCÈNE II

MAURICE DIDIER, PAUL LAURIÈRE, MARTHE, UNCAS.

MAURICE DIDIER, *à Marthe, qui peut à peine marcher et qu'il soutient.*
Courage! courage! mon enfant!

PAUL LAURIÈRE.
Appuyez-vous sur moi, mademoiselle.

MARTHE.
Je suis brisée...

UNCAS.
Il faut nous arrêter ici...

MARTHE.
Oui... oui... j'ai besoin de repos... je ne puis continuer...

PAUL LAURIÈRE.
Asseyez-vous là... sur ce tertre. (*Marthe tombe sur le tertre, épuisée de fatigue.*)

MARTHE.
Ce n'est pas la volonté qui me manque, allez! C'est la force!

MAURICE DIDIER, *à Uncas.*
Sommes-nous à l'endroit désigné par Bas-de-Cuir?

7

UNCAS.

Oui...

PAUL LAURIÈRE.

Je suis surpris et inquiet qu'il ne nous y ait pas devancés.

UNCAS.

Bas-de-Cuir aura sans doute traversé le fleuve, et nous attend sur l'autre rive... Bientôt nous le traverserons nous-mêmes.

MAURICE DIDIER.

Comment?

UNCAS.

Au moyen d'une pirogue que Bas-de-Cuir et moi nous avons cachée, il y a deux mois, dans une crique, à trois mille plus haut, sous une anfractuosité des rochers qui bordent la rive. Une fois le fleuve traversé, nous gagnerons la baie d'Hudson, où se trouve un fort français, et les visages pâles auront alors laissé le danger derrière eux.

MARTHE.

Faudra-t-il marcher encore?

PAUL LAURIÈRE.

Nous vous porterons, s'il le faut.

UNCAS.

Que la jeune fille se rassure... ses pieds n'effleureront plus le sol.

MAURICE DIDIER.

Allez, Uncas... Allez chercher la pirogue... Nous vous attendons.

UNCAS.

La forêt est peuplée de cotonniers... Que les visages pâles cherchent un de ces arbres pendant mon absence, et qu'ils l'abattent. (*Marthe s'étend sur la mousse. La fatigue l'écrase*).

PAUL LAURIÈRE.

Abattre un cotonnier... Pourqui faire?

UNCAS.

Une seule pirogue ne suffirait pas pour nous porter tous... Une fois de retour, Bas-de-Cuir et moi, creusant à coup de hache le tronc de cet arbre, nous construirons une seconde pirogue.

MAURICE DIDIER.

Bien; nous allons nous mettre à l'œuvre.

PAUL LAURIÈRE.

Et tout sera prêt. (*Uncas sort.*)

SCÈNE III

MAURICE DIDIER, PAUL LAURIÈRE, MARTHE.

MAURICE DIDIER, *regardant Marthe.*

Elle dort !...

MARTHE, *se soulevant.*

Je ne dors pas, grand-père, mais une heure de repos me soulagera.

MAURICE DIDIER.

Nous ne te quitterons pas...

MARTHE.

Il faut faire ce que vous a demandé Uncas... je resterai seule un instant... je n'ai rien à craindre...

PAUL LAURIÈRE.

Mais...

MARTHE.

Je vous en prie... Je ne dormirai pas... et, d'ici, je vous entendrai toujours...

MAURICE DIDIER.

Allons, monsieur Laurière. (*Paul et Maurice se dirigent vers la forêt à gauche. Ils vont disparaître. Marthe tressaille.*)

MARTHE.

Grand-père !

MAURICE DIDIER, *revenant.*

Mon enfant !

MARTHE, *tendant la main vers la droite.*

Entendez-vous ?

PAUL, *armant sa carabine.*

On se dirige de ce côté...

MAURICE DIDIER.

Oui.

PAUL.

Soyons prêts à faire feu !

UNE VOIX *au dehors.*

Ne tire pas, grand-père !... ne tire pas !!! C'est moi !...

TOUS, *avec un cri.*

Lucien !... (*Marthe s'est levée et s'élance au-devant de l'enfant. — Lucien paraît, monté sur Bull lancé au galop, mais qui s'arrête court en présence des personnages qui sont en scène.*)

SCÈNE IV

MAURICE DIDIER, PAUL LAURIÈRE, LUCIEN, MARTHE
(Lucien porte au front la trace de sa blessure.)

LUCIEN, *sautant à bas de son cheval.*

Embrassez-moi ! embrassez-moi tous !... Je vous ai retrouvés !...Je ne vous quitterai plus !!!...Je vous aime !... (*Il couvre successivement de baisers Marthe, Didier et Laurière.*)

DIDIER, *pleurant de joie.*

Mon Dieu ! vous me l'avez rendu !

MARTHE, *avec des sanglots.*

Mon frère ! mon frère bien-aimé !

PAUL.

Cher enfant !...

MARTHE.

Je serais morte, vois-tu, si je ne t'avais pas revu !

PAUL, *à Lucien.*

Mais pourquoi avez-vous quitté la caverne où vous étiez en sûreté?...

LUCIEN.

Pourquoi?... Tiens, est-ce que vous vous figurez, par hasard, que je m'amusais, moi, au fond de ce trou noir ? Ah ! non, par exemple !!! Au bout de trois ou quatre heures, je n'y tins plus, et l'envie s'empara de moi d'aller voir ce qui se passait dans la tribu des Hurons... Au moment où je souriais à la pensée de vous revoir et de vous embrasser bientôt, j'entendis un frôlement dans les feuilles... Je m'arrêtai... la nuit venait... il faisait sombre sous les grands arbres... je ne distinguai rien d'abord, mais, au bout d'un instant, j'aperçus à dix pas de moi deux gros yeux ronds... deux boules de feu, qui me fixaient et qui ne bougeaient pas...

MARTHE.

Je tremble !!

LUCIEN.

J'armai mon fusil... j'épaulai... et je fis deux pas en avant... Alors une bête énorme... une panthère... un tigre... je ne sais pas au juste, bondit si près de moi qu'elle me toucha presque, et je sentis son haleine me brûler la figure..... Je vous vis tous passer devant moi en moins d'une seconde... Je vous dis adieu à tous... et j'appuyai sur la détente... La bête se mit à rugir si fort que j'en fus tout étourdi... elle fit un bond vers moi !!... Par bonheur, je suis leste, et j'étais près d'un arbre... je m'élançai sur les premières branches... ma ceinture tomba, et la bête se mit à la déchirer à belles dents !... Pendant ce temps, je rechargeai mon fusil... je lui envoyai une seconde balle, qui l'atteignit comme la première... Elle bondît... elle rugit... elle gémit... puis elle se mit à ramper et elle s'en alla !... J'étais sauvé !...

MAURICE DIDIER, *l'embrassant.*

Cher Lucien !...

MARTHE.

Quel courage !!!

LUCIEN.

Et Bas-de-Cuir ?

MAURICE DIDIER.

Uncas est allé au-devant de lui... Dans peu de temps, j'espère, ils seront tous deux près de nous...

LUCIEN.

Et réunis pour toujours, cette fois... car tu sais, grand-père, Bas-de-Cuir m'a bien promis de revenir en France avec nous...

DIDIER.

Tant mieux, cher enfant !

MARTHE, *à Maurice Didier.*

Mon père, les instants sont précieux... Uncas va revenir, et vous oubliez ce qu'il vous a demandé.

MAURICE DIDIER.

Oui... oui... le cotonnier...

PAUL, *à Marthe.*

Nous resterons à portée de votre voix.

LUCIEN, *prenant deux pistolets à la ceinture du vieillard.*

Allez !... allez !... et n'ayez pas peur !... Je veillerai, moi... Je me sers de ces armes comme un homme, tu le sais bien, et personne n'approchera de ma sœur... j'en réponds !...

MAURICE DIDIER.

Sois prudent !... Lucien...

LUCIEN.

Je vous aime trop pour ne pas l'être..... (*Didier et Paul sortent. — Bull les suit.*)

SCÈNE V

MARTHE, LUCIEN.

MARTHE *à son frère, l'embrassant.*

Cher Lucien !... Moi qui croyais ne plus te revoir jamais !...

LUCIEN.

Ce n'est pas comme moi, par exemple !.. J'ai toujours fermement compté que je t'embrasserais encore...

MARTHE.

Et c'est toi qui avais raison... Mais peut-on commander à ses pressentiments?...

LUCIEN.

Pas plus qu'à la fatigue... n'est-ce pas, ma pauvre petite Marthe?... C'est à peine si tu peux te soutenir...

MARTHE, *chancelant.*

C'est vrai... les émotions... la fuite au milieu des forêts... les terreurs, tout cela m'a brisée !... L'épuisement que ton retour avait dissipé revient, et m'anéantit...

LUCIEN, *la conduisant sous un arbre.*

Repose-toi là, sur cette belle mousse qui semble t'inviter au repos, et ferme tes paupières... Le sommeil te donnéra des forces nouvelles !...

MARTHE.

Non !... non !... je ne veux pas dormir !...

LUCIEN.

Je suis là !... je ferai sentinelle...

MARTHE, *tombant sous l'arbre.*

Je lutterais en vain !... Je n'ai plus de forces !... Je succombe !...

LUCIEN.

Tu vois... la fatigue est la plus forte... (*Lui soutenant la tête, qu'il place doucement sur la mousse.*) Dors... dors... (*L'embrassant.*) Je t'aime !...

MARTHE.

Quelques minutes seulement !...

LUCIEN.

Deux heures si tu veux !...

MARTHE, *s'endormant.*

Oh ! dormir !... que c'est bon !... (*Elle s'endort. Lucien la regarde en silence.*)

LUCIEN.

Le sommeil est venu !... Faisons bonne garde !... (*Il se relève.—S'appuyant au pied de l'arbre.*) Je suis le plus petit, mais je suis le plus fort !... (*Il fait jouer la batterie de ses pistolets. Il les arme et croise les bras sur sa poitrine.—Chantant à demi-voix*) :

> Dans nos forêts sombres,
> Toujours pleines d'ombres,

Sur l'enfant qui dort
Vient planer la mort!
Mais le bon Dieu veille
Quand l'ange sommeille,
Et le noir serpent
S'éloigne en rampant.

(*S'interrompant.*) Ah çà, moi qui me croyais fort... on
dirait que je me laisse aussi gagner par le sommeil...Moi...
une sentinelle!... Allons donc!... Jamais!... Je ne dormirai
pas!... (*Il reprend sa chanson*) :

Dans les solitudes
Où les gais préludes
Des oiseaux chanteurs
Font battre les cœurs...

(*Succombant au sommeil.*)

Les tigres bondissent...
Des taillis surgissent
Les Hurons cruels...
Aux couteaux mortels.

(*Tandis qu'il chante ces derniers vers, l'enfant, succombant au
sommeil, semble ne plus pouvoir se soutenir. En murmurant
les derniers mots de sa chanson plaintive, il tombe sur le gazon,
près de sa sœur, mais ses mains n'ont pas lâché les pistolets.
— On entend des coups de hache au dehors.*)

A ce moment, on voit reparaître, sur les eaux de l'Hudson,
la pirogue montée par les deux Indiens. Ils abordent en silence et attachent leur embarcation à une racine d'arbre.
Ensuite ils gravissent la berge sans bruit. Ils aperçoivent
Marthe et son frère endormis. Ils s'arrêtent avec une expres-
sion de joie farouche, en se montrant l'un à l'autre les deux
enfants, et se mettent à ramper au milieu des hautes herbes
pour les attteindre. — Tandis que ceci se passe, Rayon-du-
Soir a paru à gauche. Elle a vu tout à la fois les enfants et les
Indiens. Elle a tout compris. Elle se jette à terre et rampe à
son tour du côté des enfants, au milieu des plantes à larges
feuilles, qui la cachent aux Indiens. Elle saisit un des pistolets
de Lucien, et, au moment où le premier Indien se dresse, le
tomahawk à la main, elle fait feu sur lui et l'abat.)

LUCIEN, *se réveillant.*

Ma sœur!... ma sœur!... (*L'autre Indien se dresse. Lucien
fait feu de son arme. L'Indien, blessé, s'élance vers le fleuve:*

mais, *parvenu au sommet de la berge, il se retourne et décharge sa carabine sur Rayon-du-Soir, qui tombe à genoux, évitant le coup.*)

RAYON-DU-SOIR.

Ah!... (*Marthe s'est éveillée, et s'évanouit au bruit de là détonation.*)

PAUL LAURIÈRE, *paraissant avec Maurice Didier.*

Misérable!... (*Il ajuste l'Indien et tire. L'Indien, frappé, roule dans le fleuve.*)

SCÈNE VI

MAURICE DIDIER, PAUL LAURIÈRE, LUCIEN, MARTHE, RAYON-DU-SOIR.

RAYON-DU-SOIR, *se soulevant et montrant les enfants.*
La jeune fille!... la jeune fille!...

LUCIEN.
Marthe!... Marthe!... réveille-toi!...

PAUL LAURIÈRE *et* DIDIER, *enlevant Marthe.*
Morte! morte!... L'ont-ils tuée, mon Dieu?...

LUCIEN.
Non! non!... Elle respire!...

MARTHE, *revenant à elle.*
Je ne vois plus Lucien!... Paul!... grand-père!...

RAYON-DU-SOIR.
Fuyez!... Les guerriers hurons vous guettent dans la forêt!...

PAUL LAURIÈRE.
Les Hurons!...

MAURICE DIDIER.
Fuir! mais comment?

RAYON-DU-SOIR, *désignant la pirogue des Indiens.*
La pirogue! la pirogue des Indiens sur la rive!

TOUS.
Ah! (*Ils s'élancent dans la pirogue.*)

PAUL LAURIÈRE, *à Rayon-du-Soir.*
Venez, suivez-nous.

RAYON-DU-SOIR.
Non, non, partez! j'attends Bas-de-Cuir!

PAUL.
Vite! vite! il faut fuir! (*Il détache la pirogue.*)

MAURICE DIDIER.

Oui, car nos coups de feu ont mis en éveil les Indiens! partons. (*La pirogue s'engage sur l'Hudson.*)

RAYON-DU-SOIR, *les suivant des yeux.*

Traversez le fleuve et soyez sans crainte. Bas-de-Cuir vous rejoindra. (*Tout à coup un cri terrible part de la pirogue.*)

SCÈNE VII

RAYON-DU-SOIR, *seule.*

PAUL LAURIÈRE, *dans la pirogue.*

Le courant nous entraîne à la dérive!...

MAURICE DIDIER.

C'est la mort!

RAYON-DU-SOIR.

Ah! les rapides... les cataractes... Au secours!... Non! non! je vais les perdre... On entendrait ma voix! Ah! personne!... Personne ne viendra donc pour les sauver!... Et je ne puis rien!... rien!... rien!... (*Voyant une pirogue montée par Uncas et par Bas-de-Cuir paraître à droite.*) Ah! Bas-de-Cuir! Bas-de-Cuir! (*La pirogue aborde.*)

SCÈNE VIII

BAS-DE-CUIR, RAYON-DU-SOIR, UNCAS.

BAS-DE-CUIR, *à Uncas.*

Je te disais bien, moi, Uncas, que quelqu'un appelait au secours! (*Il s'élance sur la berge suivi d'Uncas.*)

RAYON-DU-SOIR.

Bas-de-Cuir!

BAS-DE-CUIR.

Rayon-du-Soir! Mais nos amis... Marthe... Maurice Didier... Lucien... que sont-ils devenus? Où sont-ils?

RAYON-DU-SOIR.

Dans les rapides!

BAS-DE-CUIR *et* UNCAS, *avec épouvante.*

Dans les rapides!

RAYON-DU-SOIR.

Sauvez-les!

BAS-DE-CUIR.

Oui! oui! nous les sauverons! (*De grandes lueurs éclairent la scène.*)

UNCAS.

Oh! le feu! le feu! la forêt brûle! regarde!

BAS-DE-CUIR.

Ah! les démons! Ils ont eux-mêmes allumé l'incendie!... (*De tous côtés, même à l'horizon, la forêt commence à s'embraser.*)

UNCAS.

Que décide Bas-de-Cuir?... Que faire?...

BAS-DE-CUIR, *courant à la pirogue.*

Les rejoindre!

UNCAS, *l'arrétant.*

Mais c'est la mort!

BAS-DE-CUIR.

Eh! qu'importe? Si Marthe meurt, est-ce que je veux vivre?... Rayon-du-Soir, venez.

RAYON-DU-SOIR.

Non! sauvez vos amis; moi, je vais rejoindre la tribu, et je mourrai pour vous s'il le faut! (*Elle disparaît.*)

BAS-DE-CUIR, *s'élançant dans la pirogue avec Uncas.*

Allons! Uncas, et demandons à Dieu qu'il fasse un miracle. Ah! Bull! Bull! Les Indiens! les Indiens! Défends la berge, mon bon cheval! défends-la!... *Bull arrive au galop. — Bas-de-Cuir lance la pirogue au milieu des rapides. — Au moment où Bull va se mettre à la nage, une dizaine d'Indiens, fuyant devant l'incendie, débouchent des fourrés pour gagner la berge et se jeter à l'eau. — Bull fait volte-face, se cabre et les empêche d'approcher. — L'incendie envahit les premiers plans.*)

RIDEAU.

HUITIÈME TABLEAU

Les cataractes de l'Hudson. Au fond, à droite, du haut des rochers, la cataracte tombant avec fracas forme une nappe d'eau bouillonnante qui couvre toute la scène, au milieu des récifs dont les pointes aiguës se montrent au milieu des vagues. Une double falaise de rochers encadre les eaux de la cataracte. Les roches de gauche sont à pic et inaccessibles. Celles de droite sont praticables et forment au sommet un plateau aride. La nappe d'eau, plus calme sur les premiers plans, se perd à droite et à gauche au milieu des rocs. On aperçoit au loin, au delà des sommets, la forêt incendiée, dont les lueurs sinistres se projettent jusque sur les eaux de l'Hudson.

—

SCÈNE PREMIÈRE

UN OFFICIER DE MARINE, Matelots, TIBULLE, GIBSON, CLÉOPATRE. (*Au lever du rideau la scène est vide. Tout à coup, sur la pointe d'un rocher à droite, paraissent l'Officier, les Matelots, Tibulle, Gibson et Cléopâtre.*)

L'OFFICIER.

Les pieds des Indiens ont foulé les roches, et cependant tout n'est que désert et solitude.

TIBULLE.

Nos amis pourtant se dirigeaient vers la baie d'Hudson.

GIBSON.

S'ils étaient retombés entre les mains des Peaux rouges!

CLÉOPATRE.

Ah! pomme de rainette!... nous serions les seuls sauvés, ce serait trop de malheur!!!

TIBULLE.

Monsieur l'officier, nous pourrions explorer le côté des rochers où finissent les rapides.

L'OFFICIER.

Oui, et s'ils sont encore vivants, nous les sauverons comme je vous ai sauvés. (*Ils sortent. La scène reste vide un instant, puis, de droite, au milieu des rocs, on voit paraître la Grenouille-qui-Chante. Il pousse le cri du hibou. Un cri pareil lui répond au loin. Alors l'Indien, de roc en roc, gagne la roche de droite, où Serpent-de-Feu paraît avec des guerriers hurons.*)

SCÈNE II

SERPENT-DE-FEU, LA GRENOUILLE-QUI-CHANTE, LA PANTHÈRE-NOIRE, *puis* MAURICE DIDIER, PAUL LAU-RIÈRE, LUCIEN, MARTHE, *puis* BAS-DE-CUIR *et* UNCAS.

LA GRENOUILLE-QUI-CHANTE.

Ils sont partis, emmenant avec eux les trois visages pâles qu'ils nous ont arrachés.

SERPENT-DE-FEU.

Qu'importent ceux-là? La forêt est embrasée sur tous les points, les autres ne peuvent nous échapper.

LA GRENOUILLE-QUI-CHANTE.

Ils demanderont leur salut aux flots de l'Hudson.

LA PANTHÈRE-NOIRE.

Et les flots de l'Hudson, c'est la mort!

SERPENT-DE-FEU.

La mort! tant mieux! Qu'elle meure la fille pâle, si je ne puis la posséder!

VOIX DE MARTHE.

Les rapides! les rapides!

LA GRENOUILLE-QUI-CHANTE.

La voilà!

VOIX.

Au secours! au secours!

MARTHE.

Au secours!

SERPENT-DE-FEU.

Ah! cette voix me déchire le cœur. (*Les voix deviennent plus distinctes. Alors on aperçoit une pirogue au sommet de la cataracte. Cette pirogue est montée par Maurice Didier, par Lucien, par Marthe, qui prie en levant les mains vers le ciel, et par Paul Laurière, qui gouverne l'embarcation.*)

MARTHE.

Mon Dieu! mon Dieu! prenez pitié de nous! (*La pirogue, lancée comme une flèche, glisse sur la cataracte et disparaît dans le ressac des vagues, au milieu d'un cri formidable poussé par les Indiens qui se penchent vers le gouffre.*)

SERPENT-DE-FEU.

Je suis vengé!

LA GRENOUILLE-QUI-CHANTE.

Une autre pirogue! une autre!

SERPENT-DE-FEU.

C'est Uncas! c'est Bas-de-Cuir!

LES INDIENS.

Hug! (*Une autre pirogue paraît au haut de la cataracte. C'est celle de Bas-de-Cuir. Il est debout au milieu de la pirogue, appuyé sur sa carabine. Uncas gouverne. La pirogue disparaît. Un grand silence succède.*)

SERPENT-DE-FEU.

Feu! feu sur eux! (*Les Indiens font feu.*) Ah! pas un de ceux que je haïssais ne m'échappera... Venez! Nous retrouverons leurs cadavres sur les bords du torrent! (*Ils sortent.*)

VOIX.

A nous! à nous!... (*La pirogue de Maurice Didier reparaît à droite sur les eaux calmes.*)

SCÈNE III

MAURICE DIDIER, PAUL LAURIÈRE, LUCIEN, MARTHE, *puis* BAS-DE-CUIR, UNCAS.

PAUL LAURIÈRE.

Une roche nous barre le passage...

MARTHE.

Allons-nous mourir?

LUCIEN.

Non, non! le courant diminue... nous sommes sauvés!... (*La pirogue s'arrête.*)

BAS-DE-CUIR, *au dehors.*

Courage, courage, Uncas!

TOUS.

Cette voix!... Bas-de-Cuir!

BAS-DE-CUIR, *paraissant dans la pirogue.*

Ah! le miracle s'est fait!...

LUCIEN.

Mon grand ami... je n'ai pas eu peur...

BAS-DE-CUIR.

Et le danger est passé, cher enfant. Dans une heure, nous serons dans la baie d'Hudson. (*Coups de feu au dehors.*)

TOUS.

Cette fusillade...

VOIX, *au dehors.*

Vive la France!

TOUS.

Les Français!

SERPENT-DE-FEU, *paraissant sur le rocher.*

Ah ! je leur échapperai, dussé-je traverser les cataractes à la nage !

TOUS.

Serpent-de-Feu !

SCÈNE IV

MAURICE DIDIER, PAUL LAURIÈRE, BAS-DE-CUIR, UNCAS, LUCIEN, MARTHE, SERPENT-DE-FEU, *puis* TIBULLE, GIBSON, CLÉOPATRE, L'OFFICIER, MATE-LOTS.

SERPENT-DE-FEU.

Bas-de-cuir. Ah ! je te tuerai du moins ! (*Il ajuste.*)

BAS-DE-CUIR.

Nous verrons. (*Ils font feu.*)

SERPENT-DE-FEU, *tombant.*

Ah !... démon ! (*Il meurt et roule dans les eaux bouillon-nantes.*)

BAS-DE-CUIR.

Uncas ! ton père est vengé.

TOUS.

A nous ! à nous, Français !

TIBULLE, *paraissant, suivi de Gibson, de Cléopâtre, de l'Officier et des matelots.*

Nous voilà !

TOUS.

Tibulle !

CLÉOPATRE.

Et moi aussi !

TIBULLE, *dansant de joie.*

Le grand Serpent est mort. C'est bien fait !... Nous sommes vainqueurs.

L'OFFICIER.

Et, sous bonne escorte, nos chaloupes vont venir vous prendre pour vous conduire à bord de mon navire, qui fait voile pour la France.

TOUS.

Vive la France !

UNCAS, *à Bas-de-Cuir.*

Bas-de-Cuir partira sans doute avec celle qu'il aime...

BAS-DE-CUIR, *à lui-même.*

Avec elle!

PAUL LAURIÈRE, *à Marthe.*

Nous ne nous quitterons plus, n'est-ce pas?

MARTHE.

Jamais!

MAURICE, *à Marthe.*

Ne rougis pas, chère enfant. J'ai lu dans ton cœur. Quand nous serons en France, monsieur Laurière, Marthe sera votre femme...

BAS-DE-CUIR, *à part.*

Sa femme.

MARTHE.

Mon père!

PAUL LAURIÈRE.

Monsieur Didier...

BAS-DE-CUIR, *à part.*

Allons, je m'étais trompé, c'est lui qu'elle aime.

PAUL LAURIÈRE.

Bas-de-Cuir, Uncas, vous serez du voyage.

UNCAS.

Non, le dernier des Mohicans doit mourir près de la tombe de ses pères.

MAURICE.

Bas-de-Cuir, vous ne nous quitterez pas...

LUCIEN.

Dis oui, mon grand ami...

BAS-DE-CUIR.

Vous partirez sans moi...

MARTHE.

Oubliez-vous votre promesse?...

BAS-DE-CUIR.

Je n'oublie rien... oui... j'avais promis... mais je reste... Ce qu'il faut à Bas-de-Cuir, c'est la sauvage indépendance des forêts sans limites... Allez, amis, et que Dieu vous protége!... La France vous attend!... Moi, je retourne dans mes déserts!...

TOUS.

Bas-de-Cuir! Bas-de-Cuir!

LUCIEN.

Ami, parle de moi tout bas en passant près du tombeau de ma mère.

BAS-DE-CUIR.

Oui, oui, mon enfant...

MARTHE.

Nous vous laissons nos cœurs!

BAS-DE-CUIR.

Vous emportez mon âme...

TOUS.

Adieu! adieu!

BAS-DE-CUIR, *à Uncas, essuyant une larme.*

Nous resterons tous deux et nous parlerons d'elle...

TOUS.

Vive la France!

TABLEAU

Paris. — Typ. Morris et Comp., 64, rue Amelot.